W9-ASY-259

Someday...
202 short stories of

My Vision Of The Future

Produced and published by
STAPLES® BusinessDepot™/BUREAU EN GROS^MC

www.businessdepot.com   www.bureauengros.com

COMPAQ

In recognition of the value of education, STAPLES BusinessDepot/
BUREAU EN GROS decided to organize a short-story competition for
Canadian children. After receiving an impressive 4,000 entries, our panel of
judges selected 202 stories for publication in our first-ever short-story book.
It is our pleasure to be able to donate all net proceeds from the sale of this book
for equal distribution between the schools of our top 100 contest winners,
and a cheque for $5,000 to the school of our Grand Prize winner.
We hope you will enjoy this book of short-stories
as much as we have enjoyed compiling it.

Published by STAPLES Business Depot/
BUREAU EN GROS
30 Centurian Drive, Suite 106
Markham, Ontario
L3R 8B9

Find us on the World Wide Web at: **businessdepot.com**
or at bureauengros.com

STAPLES Business Depot /BUREAU EN GROS will donate
all net proceeds from book sales for even distribution among
the schools of the 100 winning entrants. Additionally, a cheque
for $5,000.00 will be presented to the school of our Grand-Prize
Winner Kate Schutzman from Regina, Saskatchewan.

For further details of donations contributed to schools by
STAPLES Business Depot /BUREAU EN GROS,
please write to: P.O. Box 3619 Industrial Park
                  Markham, ON, L3R 9Z9

Cover design: John Gale and Isabelle Tremblay

Cover illustration: Isabelle Tremblay

First imprint: December 2001

ISBN 0-9689688-0-5

Printed and bound in Canada

Acknowledgements

STAPLES Business Depot /BUREAU EN GROS would like to thank
the following organizations and individuals for their efforts in making
this book possible:

- Jean Little, well known Canadian children's author, for composing
  a story of her own and for her support of the writing project.

- COMPAQ, for their generous Grand Prize donation
  of a computer system, monitor and printer.

- Isabelle Tremblay, who generously donated her time
  to illustrate the front cover.

- Anne Grose, who originally organized and managed the
  execution of the Writing Challenge project.

- Jane Marie McAvoy, for her co-ordination and
  organizational support.

- Final judging panel:
  Richard Dumont, Brigitte Paradis,
  Carole Rivard-Lacroix and Isabelle Tremblay.

- The 4000 children from across Canada who entered the challenge.
  Without their submissions we would not have been able
  to compile such an outstanding anthology of stories.

- For all the STAPLES Business Depot /BUREAU EN GROS
  associates who supported this project by donating their time to
  serve as preliminary judges and perform administrative duties.

And... a big Thank You

to all of you who have contributed toward the education of
Canadian children by purchasing this book!

Forward by Steve Matyas
President
STAPLES Business Depot/
BUREAU EN GROS

Visions tend to change with the years and with the prevailing circumstances of the times in which we live. At STAPLES Business Depot and BUREAU EN GROS, our vision has remained the same over the years, and is interwoven into the very fabric of our company's culture throughout the country. Its simplicity and ease of understanding shapes the way in which our Associates (staff) accept and adopt our beliefs. Within our long-term vision, we continue to nurture and encourage the innovation, entrepreneurial spirit and commitment of our people, which, in turn, benefits our customers and the future of our company.

In publishing this book, our goal was to capture the thoughts of Canada's next generation of young visionaries. We are proud to present this collection of well-developed fantasy worlds of the future. Collectively, the many talented authors have created a richly inventive book of imagery, with writing that at times is both sophisticated and naïve. Some of the themes are universally recognizable, while others are refreshingly unfamiliar, tackling a variety of subjects with equal gusto. But that only begins to describe the endless talent and imagination. Whether comic or sad, these stories of the future become a kaleidoscopic treasure of good reading for all of us. You will be amazed at how readable and downright enchanting these visions are.

To those children who did not make it to this final stage, we thank you for sharing your ideas and thoughts with us: stay true to your vision. I also wish to thank our Associates who created this project and who have participated in each phase, to bring this book to you. It's a pleasure to honour you all.

Thank you,

S Matyas

Jean Little was born in Taiwan on January 2, 1932. Her parents were Canadian doctors serving as medical missionaries under the United Church of Canada. The Little family came home to live in Canada in 1939, moving to Guelph in 1940. Although Jean was legally blind from birth, she attended elementary and secondary school in regular classes. She went to the University of Toronto and got her B.A. in English Language and Literature.

After teaching disabled children for several years, Jean Little wrote her first children's novel, *MINE FOR KEEPS*, about a child with cerebral palsy. It won the Little Brown Canadian Children's Book Award and was published in 1962. Since then, Jean has had thirty other books published. She has won eight literary awards for her work and has been published widely internationally. Her books are available in ten languages. She has taught Children's Literature at the University of Guelph, where she is an Adjunct Professor in the Department of English. She has three honourary degrees. She has made speeches at conferences throughout Canada and the United States, on writing, children and their reading, and the challenges that face a blind person today. She has also journeyed widely talking to children about the joys to be found through reading and writing.

She lives in Ontario with her sister Pat, her great-niece Jeanie, her great-nephew Ben, two dogs, two cats, two guinea pigs, two dwarf rabbits and two African grey parrots. She writes with a talking computer, and travels with her seeing-eye dog, a yellow Lab named Pippa. She is a member of the Order of Canada.

Jean Little, Ontario

"Someday," I thought when I was twelve, "I want to write books which will stand on a Public Library shelf." I gazed at Lucy Maude Montgomery's two, crowded shelves and dreamed. My father would be so proud. Yet now I never stand gloating over the Jean Little shelf in the library. I dream instead of writing stories which will let kids move beyond themselves into the lives of others. A good story can reach deep inside us and shake our hearts awake. I dream that someday all children will read freely, understand each other and care enough to save our world.

Forward by Jean Little
          Children's book author
          and teacher

This is a fascinating collection. Children have been invited to write their dream
of the future in one-hundred-and-one words, starting out with "Someday..."
It is not the easiest task in the world. You not only have to watch your words
but count them. This asks the young writers to discipline their thoughts.
They must learn to express themselves, but keep their self-expression succinct.
It is a temptation to babble on once one starts dreaming of the future, but the
restrictions placed on these writers force them to choose the heart of the dream
and cut away the fancy flourishes. I tried it myself and found it a worthwhile
exercise. In this world, troubled and afraid, we need to polish up our dreams
and share them with each other. Out of such work may come the start of great
projects. Seeds may be planted, both real and imaginary ones, which may
"someday" burst into splendid flower.

I wish the writers well and I challenge those of you who pick up this book and
start casually skimming, to take it seriously. Once you have read through it,
try seeking your own dream and setting it down – in one hundred and one
words, beginning with "Someday..." If it does not succeed in making the world
a better place, it will certainly win your respect for the boys and girls who have
taken up the intriguing Writing Challenge offered by STAPLES Business
Depot/BUREAU EN GROS.

Jean Little

our
Grand Prize
Winner

Kate S.,

13 years old,
from Regina, Saskatchewan

illustrated by Isabelle Tremblay

"Someday I hope there will be world peace," said Amanda Theisler, newly crowned Miss America.

Years later studying gene samples from past Nobel Peace Prize recipients Doctor Amanda Theisler observed something she had never seen before. She plunged into her computerized picture indices of genes. Amazed, Theisler realized that she had found a gene from the "Predicted-Not Observed" list. Theisler isolated the gene for tranquillity and conciliation and rushed it to the cloning lab.

Within months all governments declared the cloned "Pax" gene a mandatory immunization. World peace was real. Future Miss Americas would have to dream of something else.

Kate, 13, Saskatchewan

Kate, 13, Saskatchewan

"Someday, I hope there will be world peace" said Amanda Theisler, newly crowned Miss America. Years later, studying gene samples from the past Nobel Peace Prize recipients, Doctor Amanda Theisler observed something she had never seen before. She plunged into her computerized picture indices of genes. Amazed, Theisler realized that she had found a gene from the "Predicted - Not Observed" list. Theisler isolated the gene for tranquility and conciliation and rushed it to the cloning lab. Within months, all governments declared the cloned "Pax" gene a mandatory immunization. World peace was real. Future Miss Americas would have to dream of something else.

our Top Winners

Someday I will find a treasure chest full of golden seeds. Everyday I will travel all around the world and give one golden seed to each family I meet. They will plant the golden seed and water it and the sun will shine on it. From the seed a tree will grow and grow and grow. Soon the earth will be over flowing with trees. Trees give air to the earth and cool me off when I am playing soccer. At night I will climb the tallest tree and jump onto a star and go to sleep.

Alex, Ontario

Alex, 7, Ontario

Someday I will find a treasure chest full of golden seeds. Everyday I will travel all around the world and give one golden seed to each family I meet. They will plant the golden seed and water it and the sun will shine on it. From the seed a tree will grow and grow and grow.  Soon the earth will be overflowing with trees. Trees give air to the earth and cool me off when I am playing soccer. At night I will climb the tallest tree and jump onto a star and go to sleep.

Someday in the future I think that the whole world will be covered in trampolines. Except for the ocean and the runways at the airports. Cars will not be necassary and there will be a path for weelchairs. Everyone will have to bounce to work and school. To get into your home you will bounce up to your door. For emergencies there will be a special motor that can drive on the trampolines. For mothers with babies there will be a motor-stroller that can't bounce. And that is what I think will happen in the future. It will be cool !!

Lydia,11, Ontario

Lydia, 11, Ontario

Someday in the future I think that the whole world will be covered in trampolines except for the ocean and the runways at the airport. Cars will not be necessary and there will be a path for wheelchairs. Everyone will have to bounce to work and school. To get to your home you will bounce up to your door. For emergencies there will be a special motor that can drive on the trampolines. For mothers with babies there will be a motor stroller that can't bounce. And that is what I think will happen in the future. It will be cool.

Someday... "Help! Help!" Cries for assistance were heard over the gigarange emergency pager at Staples cosmic headquarters. Pith, a spaceship sent to explore Mars was in trouble! The oxygen level was dropping and her crew was in danger! The efficient staff at Staples quickly linked into Pith's computer. "A computer virus has infected your system," exclaimed the techno wizard at Staples. "Not to worry Pith, we have the skills and technology to clean the infected file." Within a nanosecond Staples disinfected the file using their up-to-date anti-virus program. Pith's mission to Mars would be successful. Thanks to the great Staples' team!

Jared, age 11, Ontario

Jared, 11, Ontario

Someday… "Help", "Help", cries for assistance were heard over the gigarange emergency pager at STAPLES cosmic headquarters. Pith, a spaceship sent to explore Mars was in trouble! The oxygen level was dropping and her crew was in danger. The efficient staff at STAPLES quickly linked into Pith's computer. "A computer virus has infected your system," exclaimed the techno wizard at STAPLES. "Not to worry Pith, we have the skills and technology to clean the infected file." Within a nanosecond, STAPLES disinfected the file using their up-to-date anti-virus program. Pith's mission to Mars would be successful. Thanks to the great STAPLES' team!

Someday... in eight hundred sixty-seven thousand, five hundred forty-one, a space fleet will invade the earth. An army of blobs from Mars will land in a Texas desert. They'll be gigantic slimy blue things and they'll fly. They'll be able to swallow people. They will swallow whole cities. Everytime they swallow a city, they would grow bigger. Soon, they would be big enough to cover the whole world. They'll join together to form one giant blob. It would cover the earth and the world would be taken over by it. Earth's atmosphere would be made identical to Mars' atmosphere.

Kevin, 10, Quebec

Kevin, 10, Quebec

Someday… in eight hundred sixty seven thousand, five hundred and forty one, a space fleet will invade the earth. An army of blobs from Mars will land in a Texas desert. They'll be gigantic slimy blue things and they'll fly. They'll be able to swallow people. They will swallow whole cities. Every time they swallow a city, they would grow bigger. Soon, they would be big enough to cover the whole world. They'll join together to form one giant blob. It would cover the earth and the world would be taken over by it. Earth's atmosphere would be made identical to Mars' atmosphere.

Some day... Somewhere... Sometime ... Somehow... this will be the Future. Our planets names are going to change to Mickey, Minnie, Pluto, Donald, Daisy, Goofy, Hoey, Loey and Doey. Instead of cars we'll have magic carpets. No more bicycles, kids will fly on swiffer wet jets. Girl's mirrors will have hands to do our hair. When the man in the moon is lonely we can visit him. Stars will be like giant pieces of popcorn. Everyone will have a magical plate, whatever kind of food you want will appear on it. Pasta, Pizza, chips, fruits. I hope that will be my Future. Bye!

Sarah, 11, Québec

Sarah, 11, Quebec

Someday… Somewhere... Sometime… Somehow… this will be the future. Our planet names are going to change to Mickey, Minnie, Pluto, Donald, Daisy, Goofy, Hoey, Loey, and Doey. Instead of cars we'll have magic carpets. No more bicycles; kids will fly on swiffer wet jets. Girls' mirrors will have hands to curl our hair. When the man in the moon is lonely we can visit him. Stars will be like giant pieces of popcorn. Everyone will have a magical plate. Whatever kind of food you want will appear on it; pasta, pizza, chips, fruits. I hope that will be my future. Bye!

Someday in the future there will be an invention where there's a mop and a separate controll. On the controll there will be red, yellow and green buttons. If you press the red button the mop will stop mopping. If you press the yellow button the mop will mop slowly and if you press the green button the mop will mop fast. This mop and controll will probably cost five thousand dollars and soon the prices will go down and everyone in Canada will have this mop and controll. Maybe this mop and controll will be called Super Mop and Controll.

Sharita 10 Ontario

Sharita, 10, Ontario

Someday in the future there will be an invention where there's a mop and a separate control. On the control there will be red, yellow and green buttons. If you press the red button, the mop will stop mopping. If you press the yellow button, the mop will mop slowly and if you press the green button, the mop will mop fast. This mop and control will probably cost five thousand dollars and soon the prices will go down and everyone in Canada will have this mop and control. Maybe this mop and control will be called Super Mop and Control.

Someday in the future scientists will discover a way to regrow peoples arms, legs, and other parts of the body when they are born without them or they get destroyed in accidents. I think they will be able to do this if they study lobsters and see how they grow back their claws if they lose them. I also think that when they do find a way to do this it will take a while for the arm to be fully replaced. When this happens it would be a good thing because you could do more with your family and friends.

Jessica 11 Prince Edward Island

Jessica, 11, PEI

Someday in the future, scientists will discover a way to re-grow people's arms, legs, and other parts of the body when they are born without them or they get destroyed in accidents. I think they will be able to do this if they study lobsters and see how they grow back their claws when they lose them. I also think that when they do find a way to do this, it will take a while for the arm to be fully replaced. When this happens it would be a good thing because you could do more with your family and friends.

Someday, sometime, somewhere Amy wanted to go in Professor Hootamobob's time machine and zap in to the future. Her imagination over whelmed her as she maneuvered over to his laboratory. Slowly she stepped inside the time machine and set it for the year two thousand twenty. The Professor had warned Amy that the time machine was not ready but she did not listen. What she saw was amazing! People travelled by magnetic rollercoasters. Houses and buildings were very different. Amy had to go back to her own time, but she knew that when she grew up this would be her future!

Stacey, 12, Nova Scotia

Stacey, 12, Nova Scotia

Someday, sometime, somewhere, Amy wanted to go in Professor Hootamobob's time machine and zap into the future. Her imagination overwhelmed her as she maneuvered over to his laboratory. Slowly she stepped inside the time machine and set it for the year two thousand twenty. The Professor had warned Amy that the time machine was not ready but she did not listen. What she saw was amazing. People traveled by magnetic rollercoasters. Houses and buildings were very different. Amy had to go back to her own time, but she knew that when she grew up this would be her future.

Someday, I am going to be a Medical Lawyer. One who protects the rights of all patients. I see myself as an advocate for the poor. All patients in Nova Scotia will get the best possible care as soon as possible. I will see that Nova Scotians get enough Nurses and Doctors, so that care is given at the proper time and no one has too wait till it's too late! In the future Nova Scotia will have the best Medical system ever. I feel being a Lawyer will give me the tools and Knowledge I need to fulfill my Dream!

Aleisha, 11, Nova Scotia

Aleisha, 11, Nova Scotia

Someday, I am going to be a Medical Lawyer, one who protects the rights of all patients. I see myself as an advocate for the poor. All patients in Nova Scotia will get the best possible care as soon as possible. I will see that the Nova Scotians get enough nurses and doctors so that care is given at the proper time and no one has to wait till it's too late! In the future Nova Scotia will have the best Medical system ever. I feel being a lawyer will give me the tools and knowledge I need to fulfill my dream.

Someday... in the distant future our grandchildren will be living on the moon. Powerful rocket ships will have taken the place of automobiles. We as humans will have evolved into super intelligent, extra-ordinary robotical people. We will have computer-like minds and bodies of steel. Earth will have come to a great catastrophic end. There will be no harmful, infectious diseases to have to find cures for. Endless galaxies and nebulas will be searched and discovered. Other found life forms will join forces with us robot people. Our lives in this vast universe will be a flurry of discovery and adventure. Someday...

Stephanie, 13, Ontario.

Stephanie, 13, Ontario

Someday... in the distant future our grandchildren will be living on the moon. Powerful rocket ships will have taken the place of automobiles. We as humans will have evolved into super intelligent, extraordinary robotical people. We will have computer-like minds and bodies of steel. Earth will have come to a great catastrophic end. There will be no harmful, infectious diseases to have to find cures for. Endless galaxies and nebulas will be searched and discovered. Other found life forms will join forces with robot people. Our lives in this vast universe will be a flurry of discovery and adventure. Someday …

Someday when I am an adult I would like to be like my mother, a kind and caring person. I will take good care of my kids and I will love them just like my mother loves me and my brother. I will take my kids to fun places like Wonderland, Marineland and so on. I will make them happy and smart. We live in one of the biggest and nicest countries called Canada where people can enjoy their lives. I am going to raise my kids as good people who love Canada and their parents as much as I do.

Anastassia 9 Ontario

Anastassia, 9, Ontario

Someday, when I am an adult I would like to be like my mother, a kind and caring person. I will take good care of my kids and I will love them just like my mother loves me and my brother. I will take my kids to fun places like Wonderland, Marineland and so on. I will make them happy and smart. We live in one of the biggest and nicest countries called Canada where people can enjoy their lives. I am going to raise my kids as good people who love Canada and their parents as much as I do.

"Someday, you'll understand," said Sara as her mother threw her empty Coke can into the garbage. "Mom, haven't you learned the importance of recycling?" asked Sara impatiently. Her mother replied, "What's the difference? Garbage cans, recycling bins... When I was a kid we just threw things out. Oh, it's past your bedtime. Goodnight honey." That night Sara's mother dreamt she was in the future. Mountains of foul smelling trash surrounded her. Everybody felt sick. She heard a voice, "Mom, someday you'll understand." Suddenly she woke up. Sara was right: The earth is ours to borrow, we must save it for tomorrow.

Hilary, 9, Ontario

Hilary, 9, Ontario

"Someday you'll understand," said Sara, as her mother threw her empty coke can into the garbage. "Mom, haven't you learned the importance of recycling?" asked Sara impatiently. Her mother replied, "What's the difference? Garbage cans, recycling bins... When I was a kid we just threw things out. Oh, it's past your bedtime. Good-night honey." That night, Sara's mother dreamt she was in the future. Mountains of foul smelling trash surrounded her. Everybody felt sick. She heard a voice, "Mom, someday, you'll understand." Suddenly she woke up. Sara was right, the earth is ours to borrow, we must save it for tomorrow.

Someday, in the future, I think all the people I admire in my books, will come to life. Betty and veronica will be fighting over Archie at the beach, Hercules will be fighting evil in Isreal, and Harry Potter would be battling the darkness of Lord voldemort. That way there will be no evil or darkness, but still some silly arguments. It will be invented by a machine called the Bookster. And you can get any good people to come to life. That way, the world will be more peacful and kind of heart. I say this'll happen in the future.

Ally, 11, Ontario

Ally, 11, Ontario

Someday in the future, I think all the people I admire in my books will come to life. Betty and Veronica will be fighting over Archie at the beach. Hercules would be fighting evil in Israel, and Harry Potter would be battling the darkness of Lord Voldemort. That way there will be no evil or darkness, but still some silly arguments. It will be invented by a machine called the Bookster, and you can get any good people to come to life. That way, the world will be more peaceful and kind of heart. I say this'll happen in the future.

Someday to replace the use of cash, identification, and credit cards, we will use a fingerprint-scanning device. When making a purchase you will pass your finger over the scanner and the money will automatically come from your bank account. In a medical emergency, if you can't talk to the doctors they will know your medical history by your fingerprint. Other benefits include no more heavy pockets full of change, and no more losing important cards that are hard to replace. The scanner also prevents theft, until thieves find a way to fool the system!

Lisa 12 Ontario

Lisa, 12, Ontario

Someday to replace the use of cash, identification, and credit cards, we will use a fingerprint scanning device. When making a purchase you will pass your finger over the scanner and the money will automatically come from your bank account. In a medical emergency if you can't talk to the doctors they will know your medical history by your fingerprint. Other benefits include no more heavy pockets full of change and no more losing important cards that are hard to replace. The scanner also prevents theft, until thieves find a way to fool the system!

Someday... the earth will become flooded with people, animals, and buildings. Where will everyone stay? Well that's no problem. There will be life under the sea, with whole communities of houses, schools, shops, stores, and restaurants. Water parks, and swimming pools will be open all year round, and water powered star fish mobiles will take you from place to place. If you're worrying about oxygen, don't any longer, it's all taken care of. The cities are all inside a huge, oxygenated underwater bubble. This will be an awesome "waterful" new world. Who knows, it could happen....

someday.

Kristen, 13, Ontario

Kristen, 13, Ontario

Someday... the earth will become flooded with people, animals, and buildings. Where will everyone stay? Well, that's no problem. There will be life under the sea, with whole communities of houses, schools, shops, stores, and restaurants. Water parks, and swimming pools will be open all year round, and water powered starfish mobiles will take you from place to place. If you're worrying about oxygen, don't any longer, it's all taken care of. The cities are all inside a huge, oxygenated underwater bubble. This will be an awesome, "waterful" new world. Who knows, it could happen... someday.

Someday

Someday I'll dream a thousand dreams
Or wish upon a star
I might become famous
Or drive a fancy car.
Someday I'll be happy, Someday I'll be sad
Someday I'll be angry, Someday I'll be glad.
Someday I'll grow old, silver white hair
Be an actress, a teacher, show artistic flare.
Someday I'll tell stories, adventures I've heard
Mysteries, Romances, I'll speak many words.
Someday I'll grow enemies, acquaintances, friends
I'll make someone laugh, help a broken heart
    mend.
Someday could be right now, tomorrow, today
The test's in the quest, the future's not
    that far away.
                        Ashley, 11, Ontario

Ashley, 11, Ontario

Someday I'll dream a thousand dreams, or wish upon a star. I might become famous, or drive a fancy car. Someday I'll be happy, someday I'll be sad, someday I'll be angry, someday I'll be glad. Someday I'll grow old, silver white hair, be an actress, a teacher, show artistic flare. Someday I'll tell stories, adventures I've heard, mysteries, romances, I'll speak many words. Someday I'll grow enemies, acquaintances, friends, I'll make someone laugh, or help a broken heart mend. Someday could be right now, tomorrow, today. My dreams are great, the test's in the quest. The future's not far away.

Someday, somehow, I'll get back. It all started when I was flying my plane over Bermuda Triangle. Suddenly a cyclone of water sucked me down into itself. For hours I was being sucked deeper and deeper. Finally, it dropped me. I looked around and found myself in a whole new world. I asked one of the humans nearby where this place is. She said, "I think it's the centre of the Earth, and there's no way back. By the way, I'm Amelia Earheart. My mouth dropped, but then settled in determination. I will get back, somehow, someday. I will get back.

Laura, 12, Ontario

Laura, 12, Ontario

Someday, somehow, I'll get back. It all started when I was flying my plane over Bermuda Triangle. Suddenly a cyclone of water sucked me down into itself. For hours I was being sucked deeper and deeper. Finally, it dropped me. I looked around and found myself in a whole new world. I asked one of the humans nearby where this place is. She said, "I think it's the centre of the Earth, and there's no way back. By the way, I'm Amelia Earheart." My mouth dropped, but then settled in determination. I will get back, somehow, someday. I will get back.

27

Someday I again will see the light. The light that will shine upon my future. I read once that the future remains bright if its beholder opens their eyes. I chuckled enviously. The future is unforgiving. Cruel. It is a personal battle where the war is between self-esteem and oneself. The deepest ambition is claiming victory of achieving your goal; your dream. One needs to overcome obstacles lying beyond enemy line, through trenches of doubts. I cannot act. Impossible. Then I heard Grandfather's wise words remising themselves, It only takes one to make a difference, Laura, even if they are blind.

Stephanie, 12, Ontario

Stephanie, 12, Ontario

Someday I again will see the light. The light that will shine upon my future. I read once that the future remains bright if its beholder opens their eyes. I chuckled enviously. The future is unforgiving. Cruel. It is a personal battle where the war is between self-esteem and oneself. The deepest ambition is claiming victory of achieving your goal; your dream. One needs to overcome obstacles lying beyond enemy line, through trenches of doubts. I cannot act. Impossible. Then I heard grandfather's wise words remising themselves; it takes only one to make a difference, Laura, even if they are blind.

Someday in the future a school desk will have wheels and a steering wheel. It will have a bubble window surrounding the top. Kids will have keys to their desk. Kids will learn how to drive these desks when they are in kindergarten and get their desk licence. Kids will use special Visa cards for the cafeteria; they will be called Visa Junior. There will be robot maids, butlers, and caretakers. In the future, history classes will be about us today! how we lived, worked, and played. How we played games like tag, and hockey, and how we rode our bikes.

Stephen, 10, Ontario

Stephen, 10, Ontario

Someday in the future a school desk will have wheels and a steering wheel. It will have a bubble window surrounding the top. Kids will have keys to their desk. Kids will learn how to drive these desks when they are in kindergarten and get their desk licence. Kids will use special visa cards for the cafeteria; they will be called Visa Junior. There will be robot maids, butlers, and caretakers. In the future, history classes will be about us today! how we lived, worked, and played, how we played games like tag, and hockey, and how we rode our bikes.

Someday I will find a dragon egg. I will look in the fridge and find an egg that is two feet tall. I will take it to my room and put it in my warmest blanket and wait for it to hatch. One minute later a little tail will pop out of the egg. I will break the egg open. There will be a baby dragon in it. I will ask my mom if I can keep it. She will say yes. We will become best friends.

Mitchell, 8, ON.

Mitchell, 8, Ontario

Someday I will find a dragon egg. I will look in the fridge and find an egg that is two feet tall. I will take it to my room and put it in my warmest blanket and wait for it to hatch. One minute later a little tail will pop out of the egg. I will break the egg open. There will be a baby dragon in it. I will ask my mom if I can keep it. She will say yes. We will become best friends.

Someday, I would like to have a house in a warm place where it never snows. I have a pool, a tennis court and a golf court. The house would be by the water. I am very rich. My house is very modern (I have every invention that will exist.) But on other days, I see my future like this: I have an apartement, I live by myself and I am studying literature. My point is, we are still kids. Every day, we have a new vision of our future and how our lives will be and what we will become.

Rose, 13, Quebec

Rose, 13, Quebec

Someday I would like to have a house in a warm place where it never snows. I will have a pool, a tennis court and a golf court. The house would be by the water. I am very rich. My house is very modern (I have every invention that will exist). But on other days, I see my future like this: I have an apartment, I live by myself and I am studying literature. My point is, we are still kids. Every day we have a new vision of our future, and how our lives will be and what we will become.

31

Someday I hope someone will dig up my letter and see if all my dreams for the future will come true. Ashley read from the paper that she found in her backyard and she wondered about who had wrote the letter and when. So Ashley started again. She read a list that said I want there to be flying cars and schools and buildings that float in the air. But most of all I want everyone in the world to get along and not to hurt eachother. The letter was signed Kaley Roche. The year was two thousand and one.

Kaley 8 Nova Scotia

Kaley, 8, Nova Scotia

Someday I hope someone will dig up my letter and see if all my dreams for the future will come true. Ashley read from the paper that she found in her backyard and she wondered about who had written the letter and when. So Ashley started again. She read a list that said I want there to be flying cars, and schools and buildings that float in the air. But most of all I want everyone in the world to get along and not to hurt each other. The letter was signed Kaley Roche. The year was two thousand and one.

Someday, when I have kids they'll be astonished at what I didn't have when I was young— watch-phones, rocket-powered rollerblades and a walk-in version of Game Boy. They'd think I'm from the caveman days! It's funny, because I thought the same way about my parents! My kids would ask me to get a microchip installed in their brain so that schoolwork is easier. Also, after watching holographic T.V, my kids would want to visit the underwater robotic seahorse stables. I'd say, "In my day, we never had things like that." My kids would respond, "You're from the Dark Ages!"

Alissa, 10, Ontario

Alissa, 10, Ontario

Someday, when I have kids, they'll be astonished at what I didn't have when I was young – watch-phones, rocket-powered rollerblades and a walk-in version of Game Boy. They'd think I'm from the caveman days! It's funny, because I thought the same way about my parents! My kids would ask me to get a microchip installed in their brain so that schoolwork is easier. Also, after watching holographic T.V., my kids would want to visit the underwater robotic seahorse stables. I'd say, "In my day, we never had things like that." My kids would respond, "You're from the Dark Ages!"

Someday... our world will no longer be similar to today. Over ten billion people from different backgrounds will inhabit the Earth with advance technology beside them. Evolvement of every plant and animal will emerge, leading to nutritious edibles and cures for diseases. An invention will be made so dirt would transform into healthy meals to end worldwide hunger and reduce garbage into revitalizing oxygen. Astronauts in a spacecraft will explore distant planets and stars while communicating with mysterious aliens. Although the future is moving ever so close, we will continually remember the past.

William, 13, Hamilton

William, 13, Ontario

Someday... our world will no longer be similar to today. Over ten billion people from different backgrounds will inhabit the Earth with advance technology beside them. Evolvement of every plant and animal will emerge, leading to nutritious edibles and cures for diseases. An invention will be made so dirt would transform into healthy meals to end worldwide hunger and reduce garbage into revitalizing oxygen. Astronauts in a spacecraft will explore distant planets and stars while communicating with mysterious aliens. Although the future is moving ever so close, we will continually remember the past.

Someday it will be candy Land. Cars will be made out of mints, the dirt will be chocolate. Everybody's house will be made out of cookies. The pavement will be icing. Someday the worms will be gummy worms, not saying everybodys going to eat them. The berries will have lots of sugar on them. Everything you look at will be candy, chocolate and mints. When you look up at the sky it will be fruitpunch the clouds will be marshmallows. When it is winter the snow will be sugar, pure sugar! Candycanes will be sleds. Everything you imagine will be CANDY!

Kelly, 10 yrs. old, Nova Scotia

Kelly, 10, Nova Scotia

Someday it will be Candy Land. Cars will be made out of mints, the dirt will be chocolate. Everybody's house will be made out of cookies. The pavement will be icing. Someday the worms will be gummy worms, not saying everybody's going to eat them. The berries will have lots of sugar on them. Everything you look at will be candy, chocolate and mints. When you look up at the sky it will be Fruit Punch, the clouds will be marshmallows. When it is winter the snow will be sugar, pure sugar, Candy Canes will be sleds. Everything you imagine will be CANDY!

Someday... I think the world will get smaller because we will all have "motion machines" in our homes. This machine will be able to transport us wherever we want to go. We will have lots of fun because as soon as we get tired of one activity, like skating at the arena, we only have to ask the motion machine at the arena to send us to our friend's house to play. In an instant I would be at my friend's house. Mom and Dad will be happy as I will never again be late for supper or bed.

Breann B. age 9 Ontario

Breann, 9, Ontario

Someday... I think the world will get smaller because we will all have "motion machines" in our homes. This machine will be able to transport us wherever we want to go. We will have lots of fun because as soon we get tired of one activity, like skating at the arena we only have to ask the motion machine at the arena to send us to our friend's house to play. In an instant I would be at my friend's house. Mom and Dad will be happy as I will never again be late for supper or bed.

Someday in the future the earth will be overpopulated. To fix this problem there will be cities in space. These cities would be like space stations and would resemble earth cities. Each city would have schools, stores and farms. The farms would have animals like pigs and plants including fruits and trees. The main reason for the farms is to produce food in space. Every city would have a supply of water, air and man-made gravity. To go to different places you would use mini space ships. Some people would still live on earth. This is my vision of the future.

Jessica, 12, Ontario

Jessica, 12, Ontario

Someday, in the future the earth will be overpopulated. To fix this problem there will be cities in space. These cities would be like space stations and would resemble earth cities. Each city would have schools, stores and farms. The farms would have animals like pigs and plants including fruits and trees. The main reason for the farms is to produce food in space. Every city would have a supply of water, air and man-made gravity. To get to different places you would use mini space ships. Some people would still live on earth. This is my vision of the future.

Someday in the future when there are more vehicles and traffic jams everywhere, I will invent the space glider. The space glider will use recyclable plastic bottles for fuel. The bottles will go through a chopper consisting of two sharp rotating blades which will result into freshly made fuel. Now you are probably wondering what are the advantages of space gliders? Space gliders will create a new way to travel efficiently. While stuck in traffic the space glider has the ability to rise over traffic and zoom to its destination. Also an alternative to fossil fuels while tackling existing recyclable issues.

Matthew, 10, Ontario.

Matthew, 10, Ontario

Someday in the future when there are more vehicles and traffic jams everywhere I will invent the space glider. The space glider will use recyclable plastic bottles for fuel. The bottles will go through a chopper consisting of two sharp rotating blades which will result into freshly made fuel. Now you are probably wondering what are the advantages of space gliders? Space gliders will create a new way to travel efficiently. While stuck in traffic the space glider has the ability to rise over traffic and zoom to its destination. It is an alternative to fossil fuels while it also tackles existing recyclable issues.

Someday in the near future, technology will allow mankind to create solutions to many of the world's great needs. Through high speed travel, the internet, and satellites, we will be able to not only transport food and medical supplies to third world countries, but also, teach our friends around the world ways to improve their surroundings agriculturally, technologically, and socially. Many conflicts will be avoided because man will resolve issues by educating the children of this world to think creatively in their own country, so they can become self sustaining. The future is as bright as mankind makes it to be.

Melissa, 13, Ontario

Melissa, 13, Ontario

Someday in the near future technology will allow mankind to create solutions to many of the world's great needs, through high-speed travel, the Internet and satellites. We will be able to not only transport food and medical supplies to third world countries, but also, teach our friends around the world ways to improve their surroundings agriculturally, technologically and socially. Many conflicts will be avoided because man will resolve issues by educating the children of this world to think creatively in their own country, so they can become self-sustaining. The future is as bright as mankind makes it to be!

Someday... ♥
- Growing on trees will be money.
- There will be peppy people to paint your blue days sunny.
- Flowers will never die, no one will ever cry.
- There may be flying cars and no one will be behind bars.
- Kids will know how to ride their bikes and fly their big bright kites.
- There will always be something to do like jump in the clouds or visit the moon.
- They will never run out of the donuts with sprinkles on top and happy laughter will never stop.
- But most importantly, we will be a world filled with harmony.

☼ Mikka♥ 13yrs. Alberta

Mikka, 13, Alberta

Someday growing on trees will be money. There will be peppy people to paint your blue days sunny. Flowers will never die, no one will ever cry. There may be flying cars and no one will be behind bars. Kids will know how to ride their bikes and fly their big bright kites. There will always be something to do like jump in the clouds or visit the moon. They will never run out of the donuts with sprinkles on top and happy laughter will never stop. But most importantly we will be a world filled with harmony.

Someday...
I Cassie Westerson in the future will have my
very own gravity-defying room. My kids,
husband and I will enjoy hours of fun playing
tag, marco-polo and british bulldog. The room
will have cusions on the walls, floor and ceiling.
The color of the room, light blue. And I will be
the only one that is eat capable of having the room
-except for N.A.S.A. I would charge fifty dollars
per family, twenty dollars per person and children
under five are five dollars. And people who are
disabled would be free to float around. Friends and
family, free too!

Cassie   Age:12 , Alberta

Cassie, 12, Alberta

Someday... I, Cassie Westerson, in the future, will have my very own gravity-defying room. My kids, my husband and I will enjoy hours of fun playing tag, Marco-Polo and British Bulldog. The room will have cushions on the walls, floor and ceiling. The color of the room, light blue. And I will be the only one that is capable of having the room – except for NASA. I would charge fifty dollars per family, twenty dollars per person and children under five are five dollars. And people who are disabled would be free to float around. Friends and family, free too!

Someday, the world will no longer exist. People will focus on material things and turn rude each other. Money and greed will control our lives. Third world countries will be in war while rich countries will sit back and watch. No one will value life's most precious gifts like land around us or the people who loved us before a hurricane bubbled inside us. Hunger and homelessness visible around us. We'd be unable to bear this all and be emotionally sick. Families would be ripped apart. Explode from pressure of people's attitude. This will all happen in six thousand five.

handwritten by Isabelle for...

Sydel, 13, B.C.

Sydel, 13, British Columbia

Someday the world will no longer exist. People will focus on material things and turn rude (to) each other. Money and greed will control our lives. Third world countries will be in war while rich countries will sit back and watch. No one will value life's most precious gifts like the land around us or the people who loved us before a hurricane bubbled inside us. Hunger and homelessness are visible around us. We'd be unable to hear this all and be emotionally sick. Families would be ripped apart (and) explode from pressure from people's attitude. This will all happen in six thousand and five.

Someday, when the colour of the sky is all pink, and the leaves are all blue, the world will turn into a big blotch of melted rock. It will happen because of the sun's heat. I'll have completed a project that'll save all humans. The project of making a planet that is Earth-like so people can live on it, because I am a WIZARD! The new planet will look exactly like Earth, only being the future, they will have candy houses and electronic stores. The new planet will never be destroyed; it's too strong for the BIG sun to wreck it.

Radha, 9, Ontario

Radha, 9, Ontario

Someday, when the colour of the sky is all pink, and the leaves are all blue, the world will turn into a big blotch of melted rock. It will happen because of the sun's heat. I'll have completed a project that'll save all humans. The project of making a planet that is Earth-like so people can live on it, because I am a WIZARD! The new planet will look exactly like Earth, only being the future, they will have candy houses and electronic stores. The new planet will never be destroyed; it's too strong for the BIG sun to wreck it.

Someday... there will be no starving people. All kinds of grass, leaves and weeds will be edible. People will use grass to make grass burgers, pizza, breads and cakes! People will plant giant rice which will need very little water to grow. A grain of rice, when cooked, will be as big as a tablespoon! Every house will have a greenhouse garden to grow chocolate-flavoured brussel sprouts and beets, grape-flavoured green peas, orange-flavoured squash and cheese-flavoured brocolli! Yummy!! The brightest thing about the future is that all children will be healthy because they will enjoy their vegetables!

Samuel 9 ontario

Samuel, 9, Ontario

Someday... there will be no starving people. All kinds of grass, leaves and weeds will be edible. People will use grass to make grass burgers, pizza, breads and cakes! People will plant giant rice which will need very little water to grow. A grain of rice, when cooked, will be as big as a tablespoon! Every house will have a greenhouse garden to grow chocolate-flavoured brussel sprouts and beets, grape-flavoured green peas, orange-flavoured squash and cheese-flavoured broccoli! Yummy! The brightest thing about the future is that all children will be healthy because they will enjoy their vegetables!

Someday...
Racisim will be put to rest, and poverty will never be thought of. Someday, there will be layners, doctors and nurses beyond our control. Someday technology will be on a roll. Oneday, my generation, our generation, this generation may see the first Prime Minister with color and the second female Prime Minister. She will be the brains behind putting an end to racisim and poverty. Plus, boosting our educational funds. That Prime Minister will be... ME! I want to be the best Prime Minister there ever could be so that one day I'll be apart of Canada's growing History!

Lyanne 12 Ont.

Lyanne, 12, Ontario

Someday racism will be put to rest, and poverty will never be thought of. Someday, there will be lawyers, doctors and nurses beyond our control. Someday, technology will be on a roll. One day, my generation, our generation, this generation may see the first Prime Minister with colour and the second female Prime Minister. She will be the brains behind putting an end to racism and poverty. Plus, boosting our educational funds. That Prime Minister will be... ME! I want to be the best Prime Minister there ever could be so that one day I'll be apart of Canada's growing history!

45

Someday, I hope you will come to Canamars, New Canada, mom. I tested my new solar powered flying scooter made by our team. It works perfectly here on Mars. My garden is growing! The palms have lots of coconuts and bananas. I am excited! Earth Canada has found the cure for blindness from my rock samples. I will be coming home soon to visit. In two months, the space pod will arrive. The Canada Arm will dock us at the international space station. The pod will arrive through elevator tube A, at two o clock, on Thursday afternoon. Love, Jocelyn Bio Engineer

Jocelyn 8, MB.

Jocelyn, 8, Manitoba

Someday, I hope you will come to Canamars, New Canada, mom. I tested my new solar powered flying scooter made by our team. It works perfectly here on Mars. My garden is growing! The palms have lots of coconuts and bananas. I am excited! Earth Canada has found the cure for blindness from my rock samples. I will be coming home soon to visit. In two months the space pod will arrive. The Canada Arm will dock us at the international space station. The pod will arrive through elevator tube A, at two o'clock, on Thursday afternoon. Love, Jocelyn Bio Engineer.

Someday I want to find a cure for cancer. Thousands of victims have been claimed by this menacing monster. My grandmother was one of those. She was battling cancer for many years before I was born. However, when I was four months old, she lost that fight, and I lost my grandma. The result is a grandson that never got to know his grandmother. I know I can't get her back, but I want to stop people from losing their loved ones to cancer. This will take lots of hard work and research.
P.S. I love you Grandma!

Dan, 12, Ontario

Dan, 12, Ontario

Someday I want to find a cure for cancer. Thousands of victims have been claimed by this menacing monster. My grandmother was one of those. She was battling cancer for many years before I was born. However, when I was four months old, she lost that fight, and I lost my grandma. The result is a grandson that never got to know his grandmother. I know I can't get her back, but I want to stop people from losing their loved ones to cancer. To do this will take lots of hard work and research. P.S. I love you Grandma!

Someday... we'll travel short distances by flying cars that won't collide thanks to magnetic bumpers. Long distance travelling will be managed through fiber optic cables. Improved farming procedures will enable us to produce more food in the same space. There will be genetically engineered trees that will be able to grow very quickly and clean the air one hundred times better than normal trees. There will be a cure for cancer because of much improved medical techniques. There will be no more war and all political problems will be solved by negotiation. Someday people will live together in peace and harmony.

Sasha, age 12, B.C.

Sasha, 12, British Columbia

Someday... we'll travel short distances by flying cars that won't collide thanks to magnetic bumpers. Long distance travelling will be managed through fiber optic cables. Improved farming procedures will enable us to produce more food in the same space. There will be genetically engineered trees that will be able to grow very quickly and clean the air one hundred times better than normal trees. There will be a cure for cancer because of much improved medical techniques. There will be no more war and all political problems will be solved by negotiation. Someday people will live together in peace and harmony.

Someday... computer technology will advance so far that children will not go to school. Instead at the age of six, children will go to the doctor's office and have a computer chip inserted in the brain. The chip will be updated yearly. Children will only get the amount of information their brains and bodies can handle. Little children will learn through their senses. All the school age children's knowladge will be implanted instead of being learned from books and classes. This invention will save time, money and energy. The big question remains, who will determine what goes into the chip?

Hilary, 12, British Columbia

Hilary, 12, British Columbia

Someday... computer technology will advance so far that children will not go to school. Instead, at the age of six, children will go to the doctor's office and have a computer chip inserted in the brain. The chip will be updated yearly. Children will only get the amount of information their brains and bodies can handle. Little children will learn through their senses. All the school age children's knowledge will be implanted instead of being learned from books and classes. This invention will save time, money, and energy. The big question remains, who will determine what goes into the chip?

Someday... schools will be different. I'm sure every kid knows how boring school is. "Sigh." Now thats why the futures here to change it all. Stay with me on this one. bu know those plain ol' waterfountains we drink from? In the future you'll be able to get any beverage in the simple push of a button. "No more pencils no more books." The classrooms gone digital and paper? who needs paper when you've got your PC at your desk. Just print and you're done. Believe it or not the future will be great!
THE END!

KELSEY 8&m9 ONTARIO 8?

Kelsey, 9, Ontario

Someday... schools will be different. I'm sure every kid knows how boring school is. "Sigh". Now that's why the future's here to change it all. Stay with me on this one. You know those plain ol' water fountains we drink from? In the future, you'll be able to get any beverage you can think of in the simple push of a button. "No more pencils, no more books." The classroom has gone digital! and paper? Who needs paper when you've got you're PC at your desk. Just print and you're done. Believe it or not, the future will be great!
The End.

Someday I would like to be a scientist. I'd like to invent a machine that helps people reach their dreams and goals in life. It should be designed so that when you enter you tell the computer your dreams. It will tell you how to achieve them. The machine will also give you information that helps you become wiser. Then our world would be a better place and would have more efficient ways of working. Since no one has invented a machine like this, we'll all have to work harder and put more effort into completing our own work and goals.

Breanna, 13, Ontario.

Breanna, 13, Ontario

Someday I would like to be a scientist. I'd like to invent a machine that helps people reach their dreams and goals in life. It should be designed so that when you enter you tell the computer your dreams. It will tell you how to achieve them. The machine will also give you information that helps you become wiser. Then our world would be a better place and would have more efficient ways of working. Since no one has invented a machine like this, we'll all have to work harder and put more effort into completing our own work and goals.

Someday the future will be today! I don't know what made me do it, but I zapped myself ten years into the future. The city looked different now. There was hover buses. I saw my future family walking down the street towards the mall, which was called 'Floating Above The Rest' probably because it was on an enormous tower high in the air. I started following my future self up the escalator and looked through the stores with my future self. The items and prices were unbelievable. I think I could wait to live in the future for a while longer.

Kelsie, 13, Alberta

Kelsie, 13, Alberta

Someday the future will be today! I don't know what made me do it, but I zapped myself ten years into the future. The city looked different now. There were hover buses. I saw my future family walking down the street towards the mall, which was called "Floating Above The Rest" probably because it was on an enormous tower high in the air. I started following my future self up the escalator and looked through the stores with my future self. The items and prices were unbelievable. I think I could wait to live in the future for a while longer!

SOMEDAY ALL OUR NEIGHBOURS WILL HAVE HELPING HANDS. WHEN SUZANNE HAS TO GO OUT, RANDY COMES TO BABYSIT. WHEN CHRIS HAS CAR TROUBLE, ALI OFFERS A RIDE. WHEN JOYCE WORKS OVERTIME, HENRY MOWES THE LAWN. WHEN JEANIE CATCHES THE 'FLU, BOB DROPS OFF CHICKEN STEW. WHEN DOUG'S PLANTS DROOP, JUDY SHOWS HOW THEY CAN GROW. WHEN CALVIN'S RELATIVES ALL DROP IN, JANETTE LENDS EXTRA BEDDING. WHEN MARTIN LOCKS HIMSELF OUT, DOREEN COMES OVER WITH THE SPARE KEY. WHEN ZACH HAS A HURT KNEE, JOSH GETS THE GROCERIES. SOMEDAY I WILL GET A CHANCE TO HELP MY NEIGHBOURS TOO.

NICK 6 ONTARIO

Nick, 6, Ontario

Someday all our neighbours will have helping hands. When Suzanne has to go out, Randy comes to babysit. When Chris has car trouble, Ali offers a ride. When Joyce works overtime, Henry mows the lawn. When Jeanie catches the flu, Bob drops off chicken stew. When Doug's plants droop, Judy shows how they can grow. When Calvin's relatives all drop in, Janette lends extra bedding. When Martin locks himself out, Doreen comes over with the spare key. When Zach has a hurt knee, Josh gets the groceries. Someday I will get a chance to help my neighbours too.

Someday the grass and trees will grow back the way my mom says they used to be. My name is Sarah. It's the year two-thousand sixty-three, and I'm thirteen years old. There was a bomb that hit my town fourteen years ago. More have hit since then but that's normal during the war. No grass or trees have grown back, everything is grey and colourless. I'm looking forward to hearing about the fourteenth planet in the solar-system. Maybe I'll move there, at least there won't be any wars. Maybe even some plants will grow on my new planet!

Jennifer, 12, ontario.

Jennifer, 12, Ontario

Someday the grass and trees will grow back the way my Mom says they used to be. My name is Sarah. It's the year two thousand and sixty three and I'm thirteen years old. There was a bomb that hit my town fourteen years ago. More have hit since than but that's normal during the war. No grass or trees have grown back, everything is grey and colourless. I'm looking forward to hearing about the fourteenth planet in the solar system. Maybe I'll move there, at least there won't be any wars. Maybe even some plants will grow on my planet!

Someday our lives will be advanced, by technology, by spirit and by mind. In our future, we will not have money taken out of education, all classes will have what is necessary in order to teach. Also our municipal, provisional, and federal government will be improved. We will all be respected, we will not be excluded because of our colour, height or by how much money we own. There will also be a day called Peace Day, when everyone joins in a circle holding hands. The purpose is to show that we are grateful of being alive on the planet Earth.

Chris, 12, Ontario

Chris, 12, Ontario

Someday our lives will be advanced by technology, by spirit and by mind. In our future we will not have money taken out of education and all classes will have what is necessary in order to teach. Also, our municipal, provincial and federal governments will be improved. We will all be respected. We will not be excluded because of our colour, height or by how much money we own. There will also be a day called Peace Day when everyone joins in a circle holding hands. The purpose is to show that we are grateful for being alive on the planet Earth.

Someday in the near future, I have a vision for a great invention. The invention will carry people from city to city. It will be called the Elastic Mover. It will be powered by huge elastic bands and a battery powered motor, which will save the environment from getting polluted. This is how it works. The motor will pull back the elastic band and shoot the cab forward like a slingshot. It will go on the tracks up to the speed of sound. When it has reached its destination brakes will go down and stop the cab.

Jonathan 12 Ontario

Jonathan, 12, Ontario

Someday in the near future, I have a vision for a great invention. The invention will carry people from city to city. It will be called the Elastic Mover. It will be powered by huge elastic bands and a battery powered motor that will save the environment from getting polluted. This is how it works. The motor will pull back the elastic band and shoot the cab forward like a slingshot. It will go on the tracks up to the speed of sound. When it has reached its destination brakes will go down and stop the cab.

Someday, I'll wake up to a future where there is peace in the world. Where sorrow is nonexistent, and beauty is immortal. I'll open my eyes and see the end of poverty and starvation. I will see clean land and sparkling water. I'll wake up knowing that one person can make a difference, and that we all are part of the human race regardless of color. I'll wake up to a world where all plants and animals are treated as something of complex beauty and grace. Someday, I'll wake up and find that the future is now. We are the future!

Irina, 13, Saskatchewan

Irina, 13, Saskatchewan

Someday, I'll wake up to a future where there is peace in the world. Where sorrow is nonexistent and beauty is immortal. I'll open my eyes and see the end of poverty and starvation. I will see clean land and sparkling water. I'll wake up knowing that one person can make a difference and that we all are part of the human race regardless of colour. I'll wake up to a world where all plants and animals are treated as something of complex beauty and grace. Someday, I'll wake up and find that the future is now. We are the future!

Someday the world will change. Good changes, that's for sure. There will be no more poor people and more food. How will the world create more food? Well, my idea of floating buildings and flying cars, of course! With the buildings floating and the cars flying, the earth will be preserved for growing food, parks, plants, and animals. The earth will return to it's most beautiful way. The moon will be a vacation resort with amusement parks, swimming pools, and shopping malls. It would take an hour to get there. Maybe that will happen. Maybe. But for now we'll never know.

Cayanna, 9, British Columbia

Cayanna, 9, British Columbia

Someday, the world will change. Good change that's for sure. There will be no more poor people and more food. How will the world create more food? Well , my idea of floating buildings and flying cars, of course! With the buildings floating and the cars flying, the earth will be preserved for growing food, parks, plants, and animals. The earth will return to its most beautiful way. The moon will be a vacation resort with amusement parks, swimming pools, and shopping malls. It would take an hour to get there. Maybe that will happen. Maybe. But for now we'll never know.

"Someday...," I said to myself, "I'd have another brother like Alex." The date is three thousand. Cloning people is a reality. Late one night, I snatched a strand of Alex's hair containing his DNA. The cloning was completed... I had three baby Alexes who looked exactly the same; however, their personalities turned out to be different. They were constantly getting in trouble. One kept breaking windows, the second liked to steal peoples' cars, and the last was a school bully. Yes, I got my wish but I never thought "one" could end up to be so different.

Bradley, 13, British Columbia

Bradley, 13, British Columbia

"Someday...," I said to myself, "I'd have another wonderful brother like Alex". The date is three thousand. Cloning people is a reality. Late one night, I snatched a strand of Alex's hair containing his DNA. The cloning was completed… I had three baby Alexes who looked exactly the same; however their personalities turned out to be so different. They were constantly getting in trouble. One kept breaking windows, the second liked to steal people's cars and the last was a school bully. Yes, I got my wish but I never thought "one" could end up to be so different.

Someday, in the thirty-first century, school will be much different. You will wake up, enter the "Morning Cabin", press a button, and poof — you are brushed, washed, dried, dressed, and fed. Looking down at the city, you fly to school with your jet-pack. Now in class, go to your personal laptop, plug a wire into your NOSE and start playing games. Yeah, it sounds gross, but the points you earn transform into brain cells and travel to your brain, making you smarter. Wow! Now you can actually smell your knowledge! Cool, huh? Then hang in there for another thousand years!

Tanita, age 10, from Ontario

Tanita, 10, Ontario

Someday, in the thirty-first century, school will be much different. You will wake up, enter the "Morning Cabin", press a button and poof – you are brushed, washed, dried, dressed and fed. Looking down at the city, you fly to school with your jetpack. Now in class, go to your personal laptop, plug a wire into your NOSE and start playing games. Yeah, it sounds gross but the points you earn transform into brain cells and travel to your brain, making you smarter. Wow! Now you can actually smell your knowledge! Cool, huh? Then hang in there for another thousand years!

Someday...
When I'm much older, the world will be covered by Martians instead of Humans. On october 15th, 2065, a huge spaceship will come down transporting all people to Mars and all Martians to Earth. The humans won't be able to breathe so they will dig until they find an air pocket with lots of green grass and trees and water which the Martians had no idea was there. All the humans started building houses with some wood. After 10 years, people had some of the stuff re-invented. This time, they decided, they wouldn't ruin the environment like on Earth...

Anna, 11, Ontario

Anna, 11, Ontario

Someday... when I'm much older, the world will be covered by Martians instead of Humans. On October 15th, 2065 a huge spaceship will come down transporting all people to Mars and all Martians to Earth. The humans won't be able to breathe so they will dig and dig until they find an air pocket with lots of green grass and trees and water that the Martians had no idea was there. All the humans started building houses with some wood. After 10 years people had some of the stuff re-invented. This time, they decided they wouldn't ruin the environment like on Earth...

Someday in the future people will live in Outer Space and on vacation we can visit the moon and be friends with the Martians who go to school. Mercury is where the boys live and Venus is for girls. The Earth is now empty but sometimes we visit. On Jupiter we swim in its red spot and on Saturn we skate on its rings. Uranus and Neptune are always blue and sad so no one lives there. Pluto's the planet far away, that's where my sister lives because she's too weird to live with anyone else.

Meika 10, Ontario

Meika, 10, Ontario

Someday, in the future people will live in outer space and on vacation we can visit the moon and be friends with the Martians who go to school. Mercury is where the boys live and Venus is for girls. The Earth is now empty but sometimes we visit. On Jupiter we swim in its red spot and on Saturn we skate on its rings. Uranus and Neptune are always blue and sad so no one lives there. Pluto is the planet far away where my sister lives because she's too weird to live with anyone else.

Someday when the air is crowded with flying cars, the world will be a different place. Maybe a bit like this.... The robots shook me awake. I could hear father starting his flymobile. Picking up my toothcleaner, I rode the escalator downstairs for my breakfast pill. Then off to school. We went on a field trip to Mars. When I got home I tele-communicated with my friend to meet me at Sasora theme park to ride the trackless rollercoaster. When I got home it was dinner time, but I couldn't stop thinking about the elevator ride to Mars. What a great day!

Heidi, 9, Ontario

Heidi, 9, Ontario

Someday, when the air is crowded with flying cars, the world will be a different place. Maybe a bit like this…The robots shook me awake. I could hear father starting his flymobile. Picking up my tooth cleaner I rode the escalator downstairs for my breakfast pill. Then off to school. We went on a field trip to Mars. When I got home I telecommunicated with my friend to meet me at Sasora Theme Park to ride the trackless rollercoaster. When I got home it was dinner time but, I couldn't stop thinking about the elevator rider to Mars. What a great day!

Someday people will be living inside a dome shaped bubble, that only opens two months of the year, April and December. All travelling is done by walking, biking or scooter. Children will attend school, with their teacher, being on line in small groups with other children from all over the world. In April and December when the dome opens for rain and snow. there will be a holiday for all. Everyone will be amazed by what they rarely see. There will be mud puddle jumping and snow castle making at a city gathering. Fun will be had by all.

Alexandra 9 N.S.

Alexandra, 9, Nova Scotia

Someday people will be living inside a dome shaped bubble that only opens two months of the year, April and December. All travelling is done by walking, biking or using a scooter. Children will attend school with their teacher, being on line in small groups with other children from all over the world. In April and December when the dome opens for rain and snow, there will be a holiday for all. Everyone will be amazed by what they rarely see. There will be mud puddle jumping and snow castle making at a city gathering. Fun will be had by all.

Someday the advanced technology that's growing will allow astronauts and scientists to explore other planets, no matter how hot or cold, or how much oxygen there is on those planets. The explores will have special devices that raise or lower the temperature in their space suits and create oxygen within their helmets. Computers will be a major part of people's lives. Kitchens are a thing of the past; all people living within the same area will go to a large, high tech cafeteria to eat, ensuring no wasted food. No one has to pay, so even poor people can eat there.

Laura, 13, Nova Scotia

Laura, 13, Nova Scotia

Someday the advance technology that's growing will allow astronauts and scientists to explore other planets, no matter how much oxygen there is on those planets. The explorers will have special devices that raise or lower the temperature in their space suits and create oxygen within their helmets. Computers will be a major part of people's lives. Kitchens are a thing of the past; all people living within the same area will go to a large, high tech cafeteria to eat, ensuring no wasted food. No one has to pay, so even poor people can eat there.

Someday there will exist a time where the world will be an exquisite paradise. Every race and nationality will be humble toward each other. Even the animals will be at peace with humans and one another. In this paradise there won't be sickness, mourning, crying and even death. The flowers will be prettier and larger than ever. All the fruits and vegetables will be the biggest and juiciest ever. The world will be a gigantic garden. For me this paradise can not come soon enough, but I have truthful proof that the paradise is coming very, very soon! I know it.

Alyssa 9 B.C.

Alyssa, 9, British Columbia

Someday there will exist a time where the world will be an exquisite
paradise. Every race and nationality will be humble toward each other.
Even the animals will be at peace with humans and one another. In
this paradise there won't be sickness, mourning, crying and even
death. The flowers will be prettier and larger than ever. All the fruits
and vegetables will be the biggest and juiciest ever. The world will
be a gigantic garden. For me this paradise can not come soon enough,
but I have truthful proof that the paradise is coming very, very soon!
I know it.

Someday...
the average life span for people will be one hundred. Why is this so? There will be new medicines and treatments invented for many diseases and disorders that exist today. Doctors and scientists work hard daily to make this possible. We are more educated on the importance of a proper diet. School lunch programs focus on Canada's Food Guide. More and more people have included exercise in their daily routine. People of all ages are becoming more physically active. Pre-teens are educated about the risks of smoking and the danger related to drinking alcohol and using drugs. Let's Live Longer!

Natalie, 10, Newfoundland

Natalie, 10, Newfoundland

Someday... the average life span for people will be one hundred. Why is this so? There will be new medicines and treatments invented for many diseases and disorders that exist today. Doctors and scientists work hard daily to make this possible. We are more educated on the importance of a proper diet. School lunch programs focus on Canada's Food Guide. More and more people have included exercise in their daily routine. People of all ages are becoming more physically active. Pre-teens are educated about the risks of smoking and the danger related to drinking alcohol and using drugs. Let's Live Longer!

Someday the world will be a better place to live because we, the children of today, will make it so. Our generation are the leaders, healers and teachers of tomorrow. When I am older I plan to study architecture. Perhaps I will use my skills to design safe, healthy houses that everyone can afford to own. Whatever our talent is we must use it to make our world better. My vision of the future is one of people helping people to build a better tomorrow by using our resources to help all people and by learning from the mistakes of yesterday.

Stephen, 11, Newfoundland

Stephen, 11, Newfoundland

Someday the world will be a better place to live because we, the children of today, will make it so. Our generation are the leaders, healers and teachers of tomorrow. When I am older I plan to study architecture. Perhaps I will use my skills to design safe, healthy houses that everybody can afford to own. Whatever our talent is we must use it to make our world better. My vision of the future is one of people helping people to build a better tomorrow by using our resources to help all people and by learning from the mistakes of yesterday.

Someday when the world gets to crowded we will build an underwater world. There will be tunnels from one town to the next or you could just swim if there is a traffic jam. Mermaids will be our teathers because they know abt about under the ocean. At recess we will play with the dolphins. Our houses will be giant clam shells and beds made of seaweed. Instead of food we have oxygen pills with different flavors, bubblegum is my favorite. We can go one week without air with these pills. I can't wait for the future and my underwater world.

Regan age 7 British Columbia

Regan, 7, British Columbia

Someday when the world gets too crowded we will build an underwater world. There will be tunnels from one town to the next or you could just swim if there's a traffic jam. Mermaids will be our teachers because they know a lot about under the ocean. At recess we will play with the dolphins. Our houses will be giant clam shells and beds made of seaweed. Instead of food we have oxygen pills with different flavours; bubblegum is my favourite. We can go one week without air with these pills. I can't wait for the future and my underwater world.

Someday I will wake up with my pet alien, Spot. Our house will be in space and I will enter earth in my mini rocket and go to school like always. After school, I will fly home to have virtual tea with my best friend who lives on Jupiter. After that, I'll take Spot out for a doo-doo down a black hole. Then my family and I will fly off to a family reunion in another galaxy. When we get back, my family will return to their normal space habits and I'll play asteroid fetch with spot in a space park.

Jeffrey 12 B.C.

Jeffrey, 12, British Columbia

Someday I will wake up with my pet alien, Spot. Our house will be in space and I will enter earth in my mini rocket and go to school like always. After school, I will fly home to have virtual tea with my best friend who lives on Jupiter. After that, I'll take Spot out for a doo-doo down a black hole. Then my family and I will fly off to a family reunion in another galaxy. When we get back, my family will return to their normal space habits and I'll play asteroid fetch with Spot in a space park.

Someday I think that some people will live on the moon and an asteroid will hit earth, but the people on the moon will survive and on earth other smaller, smarter things will evolve. The people who live on the moon will evolve so they can breath without air. Norcers (earthlings) will make a rocket to the moon and the Norcers will meet with the humans and humans will go to earth for the first time in billions of years. Together the Norcers and the humans will evolve into a new species called Normans and they will live peacefully forever.

Katherine, 10, BC

Katherine, 10, British Columbia

Someday, I think that some people will live on the moon and an asteroid will hit earth but the people on the moon will survive and on earth other smaller, smarter things will evolve. The people who live on the moon will evolve so they can breath without air. Norcers (earthlings) will make a rocket to the moon and the Norcers will meet with the humans and humans will go to earth for the first time in billions of years. Together the Norcers and the humans will evolve into a new species called Normans and they will live peacefully forever.

Someday we will all have wristbands upon our arms. Money and goverment will be abolished, the cities given back to the people. The bands will become your way of life. A simple scan will become your currency to get all life's necessities such as: backpacks full of school supplies for each child, meals and groceries as well as entertainment. Refusal of the wristband will mean banishment to a less progressive country, where work and money are still prevelant. Crime doesn't exist because your moves are monitored through your wristbrand. Imagine.

Missy, 11, B.C.

Missy, 11, British Columbia

Someday we will all have wristbands upon our arms. Money and government will be abolished and the cities given back to the people. The bands will become your way of life. A simple scan will become your currency to get all life's necessities such as: backpacks full of school supplies for each child, meals and groceries as well as entertainment. Refusal of the wristband will mean banishment to a less progressive country, where work and money are still prevalent. Crime doesn't exist because your moves are monitored through your wristband. Imagine.

Someday I think people are going to try to substitute the pets we have now for robots. That will never work, because our pets are cuddley, and robots could never be that good. As I think back one hundred years, I wonder if people drempt about the future like we are now? Would they have thought about cell phones, CDs, and DVDs? It's hard for me to imagine what it will be like in the future. Good or bad, we'll all adjust to it. My vision of the future includes some goals, but for now, my life is already almost perfect.
Veronica, 11, Nova Scotia

Veronica, 11, Nova Scotia

Someday I think people are going to try to substitute the pets we have now for robots. That will never work because our pets are cuddly and robots could never be that good. As I think back one hundred years, I wonder if people dreamt about the future like we are now? Would they have thought about cell phones, CDs and DVDs? It's hard for me to imagine what it will be like in the future. Good or bad, we'll all adjust to it. My vision of the future includes some goals but for now, my life is already almost perfect

Someday in the future man will live in the world lennox. Earth had become over-populated leaving scientest to find a new land. There would be a new colony, a new lifestyle. Man would live in pods keeping peace and harmony. Elders would pass on the knowledge of the Earth they once knew. This new colony would bring upgraded technology. Lennox would provide the needs of new colonist set to live there. There would be no guns to kill, no thieves to steal. Lennox would be free of war. Overall there would be what Earth never had, peace.

Jayda 11 Alberta

Jayda, 11, Alberta

Someday in the future man will live in the world Lennox. Earth had become over-populated leaving scientists to find a new land. There would be a new colony, a new lifestyle. Man would live in pods keeping peace and harmony. Elders would pass on the knowledge of the Earth they once knew. This new colony would bring upgraded technology. Lennox would provide the needs of the new colonist's set to live there. There would be no guns to kill, no thieves to steal. Lennox would be free of war. Overall there would be what Earth never had, peace.

Someday, countless worlds and races will peacefully coexist. Travel will be by solar wave powered hyper-speed spacecrafts. Everyone will understand each other through translating computer visors worn like glasses. Worlds will know only prevailing peace, without violence. There will be a common sense law code that everyone follows and never debates. A universal understanding will be present, where no one is ever ostracized or ridiculed. Most jobs will be space related. Everyone will be fit, boosting the life expectancy to 125 years. Each world will have a universal currency accepted everywhere you travel. The price of goods will be quite low.

Briana, 13, Alberta

Briana, 13, Alberta

Someday, countless worlds and races will peacefully coexist. Travel will be by solar wave powered hyper-speed spacecraft. Everyone will understand each other through translating computer visors worn like glasses. Worlds will know only prevailing peace, without violence. There will be a common sense law code that everyone follows and never debates. A universal understanding will be present, where no one is ever ostracized or ridiculed. Most jobs will be space related. Everyone will be fit, boosting the life expectancy to 125 years. Each world will have a universal currency accepted everywhere you travel. The price of goods will be quite low.

Someday in this world of fantasy, our minds will soar through the sky. They will be thinking of something outrageous to change the world and make it a better place. People will make huge factories of oxygen and and temperature on all the different planets of the whole solar system. The temperatures and oxygen will be the same level as Earth. This way, everybodys wish will come true about world peace. If people move to different planets, everyone will be spread out to live with the people they get along with everyday. I think that this would be called the solar system peace!

Reem, 11, Ontario.

Reem, 11, Ontario

Someday in this world of fantasy our minds will soar through the sky. They will be thinking of something outrageous to change the world and make it a better place. People will make huge factories of oxygen and temperature on all the different planets of the whole solar system. The temperatures and oxygen will be the same level as Earth. This way, everybody's wish will come true about world peace. If people move to different planets, everyone will be spread out to live with the people they get along with every day. I think that this would be the solar system peace!

Someday mankind will discover we did not evolve from apes but we actually were put here by extraterrestrial beings shaped like us but made of light. We will discover this when we finally invent a shuttle that can take us to the sun. We find that they have been waiting for us to develop our minds and our technology in order to be able to communicate with them. Once we get to that point they'll teach us how to time travel, how to bring peace to our world, how to heal ourselves and finally evolve ourselves back into creatures of light.

Bryanna, 12yrs., Alberta

Bryanna, 12, Alberta

Someday mankind will discover we did not evolve from apes but we actually were put here by extraterrestrial beings shaped like us but made of light. We will discover this when we finally invent a shuttle that can take us to the sun. We find that they have been waiting for us to develop our minds and our technology in order to be able to communicate with them. Once we get to that point they'll teach us how to time travel, how to bring peace to our world, how to heal ourselves and finally evolve ourselves back into creatures of light.

Someday, I'll be an author and visit schools all over. I'll tell children how to get ideas so they're successful and their books always catch the readers attention. Students will hear how to choose interesting topics so "wheels" start spinning in their head! I'll describe the feeling of being excited when ideas from my head appear on paper, I'll tell them that when people read my stories I feel proud. I will visit schools so I can share my work with children. I'll help children who don't know they can write well to discover they too can become a wonderful author.

Gabbi (9) Alberta

Gabbi, 9, Alberta

Someday I'll be an author and visit schools all over. I'll tell children how to get their ideas so they're successful and their books always catch the reader's attention. Students will hear how to choose interesting topics so "wheels" start spinning in their head! I'll describe the feeling of being excited when ideas from my head appear on paper. I'll tell them that when people read my stories I feel proud. I will visit schools so I can share my work with children. I'll help children who don't know they can write well to discover they too can become a wonderful author.

Someday in the distant future there is an inventor named Travis. he is trying to build a machine so we could travel all through spac and time. one day he finished so he had to try it aut. it worked! when he got into the future he couldn't come back he tried but he couldn't get back but he didn't care he liked it there. he said it was cool. there were flying cars. but then he though all he really wanted to do was go home suddenly he saw a portal he jumped in. home sweet home at last.

The end

travis, 10, Ontario

Travis, 10, Ontario

Someday in the distant future there is an inventor named Travis. He is trying to build a machine so we could travel all through space and time. One day he finished so he had to try it out. It worked! When he got into the future he couldn't come back. He tried but he couldn't get back but he didn't care. He liked it there. He said it was cool. There were flying cars. But then he thought all he really wanted to do was go home. Suddenly he was a portal. He jumped in. Home sweet home at last.

Someday in the future we will not have to do homework! There will be little pencils that do ALL your homework! You just put the paper down and the little pencil will do it. When I started making it, something went wrong. It started jumping all over and all of a sudden it started to jump even higher leaving lead marks all over. I tried to grab it with my net but it jumped right out of my net. So I ran to the bathroom and turned on the tap. It jumped away but I caught it and drowned the pencil.

Shannon 11 Ontario

Shannon, 11, Ontario

Someday in the future we will not have to do homework! There will be little pencils that do all your homework! You just put the paper down and the little pencil will do it. When I started making it something went wrong. It started jumping all over and all of a sudden it started to jump even higher leaving lead marks all over. I tried to grab it with my net but it jumped right out of my net. So I ran to the bathroom and turned on the tap. It jumped away but I caught it and drowned the pencil.

Someday... Katie thought, "I want to live on the moon," as she flew bye with her spacecraft. Katie was twelve and lived with her family on the planet jupitor. She came home through the elevator passageway to the kitchen, where Molly, their robot maid, was making dinner. "Hello Molly," she said and then made her way up the non-gravity tube to her room. There, she looked out her bubble window staring at the moon. Katie's telebox came on saying it was time for dinner, so she turned off her gadgets and floated down to meet her parents. Someday... it will happen!

Rebekah, 13, Ontario

Rebekah, 13, Ontario

Someday... Katie thought, "I want to live on the moon", as she flew by with her spacecraft. Katie was twelve and lived with her family on the plant Jupiter. She came home through the elevator passageway to the kitchen where Molly, their robot maid, was making dinner. "Hello Molly", she said, and then made her way up the non-gravity tube to her room. There, she looked out her bubble window staring at the moon. Katie's telebox came on saying it was time for dinner, so she turned off her gadgets and floated down to meet her parents. Someday... it will happen!

Someday on the other side of the universe, five new planets will be born. The five planets will contain humans, animals and plants only! All planets have rhyming names. Their names will be Dry, Fry, Cry, Lie and Fly. These names will be given after their behavior. Dry will always shake the water off and the people and animals will usually die. All the people on Fry will be cooking all the time. Cry will always get the other planets wet. Everyone on Lie will never tell the truth. Fly will be going all around everywhere instead of orbiting the sun.

Vishnuga, 10, Ontario

Vishnuga, 10, Ontario

Someday on the other side of the universe, five new plants will be born. The five planets will contain humans, animals and plants only! All planets have rhyming names. Their names will be Dry, Fry, Cry, Lie and Fly. These names will be given after their behavior. Dry will always shake the water off and the people and animals will usually die. All the people on Fry will be cooking all the time. Cry will always get the other plants wet. Everyone on Lie will never tell the truth. Fly would be going all around everywhere instead of orbiting the sun.

Someday... in the future all of Canada will have a special dome. The dome will come out of the ground when the Canadian Prime Minister pushes a special button. The large dome will come out and cover our country. The dome will have a heater and lights so it feels like summer all the time. The dome is hard as a bomb shelter so if there are any wars, storms or tornados it will protect all of us and nobody would have to worry any more. I hope my vision comes true to all of Canada and then the whole world.

Brandon. 10. Ontario.

Brandon, 10, Ontario

Someday... in the future all of Canada will have a special dome. The dome will come out of the ground when the Canadian Prime Minister pushes a special button. The large dome will come out and cover our country. The dome will have a heater and lights so it feels like summer all the time. The dome is hard as a bomb shelter so if there are any wars, storms or tornados it will protect all of us and nobody would have to worry any more. I hope my vision comes true to all of Canada and then the whole world.

Someday dogs will talk. If I could invent one thing it would be a dog bark translator thing that would, of course, translate dog barks. I would be a hero to the blind. Dogs could say, "I need to go!" or, "Turn this way", and even "My food stinks!." Dogs could be better company and we could send them to school to become smart dogs. They could get jobs or become Secret Agent Spies. Dogs are people too you know...

Daryl, 13, British Columbia

Daryl, 13, British Columbia

Someday dogs will talk. If I could invent one thing it would be a dog bark translator thing that would, of course, translate dog barks. I would be a hero to the blind. Dogs could say, "I need to go!" or "turn this way", and even "my food stinks!". Dogs could be better company and we could send them to school to become smart dogs. They cold get jobs or become secret agent spies.
Dogs are people too, you know…

Someday a person will sit by her window, gazing out at the beautiful world around her. It is a glorious sunlit day and the sky is shining with colour. Lazily, she thinks of her people's old planet, Earth, which had been abandoned when it became too ugly and unfit to live in. Our world can never be ugly, she thinks. It's so beautiful. But maybe Earth was beautiful once, something inside her argues. <u>Never</u>, she tells herself firmly. It couldn't have been. Our world will never be like Earth. It can't.
Can it?

Gillian, age 9, Nova Scotia

Gillian, 9, Nova Scotia

Someday a person will sit by her window, gazing out at the beautiful world around her. It is a glorious sunlit day and the sky is shining with colour. Lazily, she thinks of her people's old planet, Earth, which had been abandoned when it became too ugly and unfit to live in. Our world can never be ugly, she thinks. It's so beautiful. But maybe Earth was beautiful once, something inside her argues. <u>Never</u>, she tells herself firmly. It couldn't have been. Our world will never be like Earth. It can't. Can it?

Someday..., a little girl on Earth opens her eyes and looks around. She sees garbage on the ground, the sky is dark, streaked with grey clouds. She listens and hears only the sounds of machinery and people yelling, glass breaking. She thinks of her ancestors, who refused to leave the Earth they loved. I wish they had, she thinks. She imagines the new planet, with blue sky, birds, green grass and flowers. In her imagination a little girl her own age sits in the sun, laughing, making a daisy chain. I want to go there, she thinks. Take me home.

Annamarie, 13, Nova Scotia

Anna Marie, 13, Nova Scotia

Someday... a little girl on Earth opens her eyes and looks around. She sees garbage on the ground, the sky is dark, streaked with gray clouds. She listens and hears only the sounds of machinery and people yelling, glass breaking. She thinks of her ancestors, who refused to leave the Earth they loved. I wish they had, she thinks. She imagines the new planet, with blue sky, birds, green grass and flowers. In her imagination, a little girl her own age sits in the sun, laughing, making a daisy chain. I want to go there, she thinks. Take me home.

Someday....this feeling will pass. The butterflies keep on moving like the wind inside me. Will I fly into the future? Or, will I rest to observe all others around me. I need to spread my wings and show my colours. Don't be afraid to ask questions. Remember we all have much to learn. If I don't spread my wings, how will I be able to travel to places I wonder about that are waiting all around me. I know with courage the future will be waiting for me Someday.

Amanda
Age 8, Edmonton, AB.

Amanda, 8, Alberta

Someday this nervous feeling will pass. The butterflies keep on moving like the wind inside me. Will I fly into the future? Or, will I rest to observe all others around me. I need to spread my wings and show my colours. Don't be afraid to ask questions. Remember we all have much to learn. If I don't spread my wings, how will I be able to travel to places I wonder about, that are waiting all around me. I know with courage the future will be waiting for me someday.

Someday, horses will rule the world. Having
gradually grown smarter from our advances
in technology, they will be able to overcome
humans. Military officers will be replaced by
Arabians and Appaloosas. World leaders will
be no more - Horsepower Council will rule.
Humans will become servants or equals, depending
on their attitude to horses. Tax money will
go towards high quality stables; humans will
find their own homes. All traditional roles
will be reversed: "horses rule, humans drool."
At last, horses will have gotten what they
deserve, which is leadership of our planet.
At least until cats decide it is their turn...

Kelin, age 11, Alberta

Kelin, 11, Alberta

Someday, horses will rule the world. Having gradually grown smarter
from our advances in technology, they will be able to overcome
humans. Military officers will be replaced by Arabians and
Appaloosas. World leaders will be no more - Horsepower Council
will rule. Humans will become servants or equals, depending on their
attitude to horses. Tax money will go towards high quality stables;
humans will find their own homes. All traditional roles will be
reversed: "horses rule, humans drool". At last, horses will have gotten
what they deserve, which is leadership of our planet. At least until
cats decide it is their turn....

Someday in the future I have a vision that I will design a floating space station. The space station will be just like earth. Inside there will be green houses, living quarters, stores, roads and miniature spaceships as vehicles. Lots of people, including myself will live in the space station. There will be gravity and oxygen inside. Instead of aluminum around the station there will be a special kind of glass so you can watch the stars. The space station will float around the universe so that everyone can see the distant planets and stars. I'm very excited about the future!

Rachel 12 alberta

Rachel, 12, Alberta

Someday in the future I have a vision that I will design a floating space station. The space station will be just like earth. Inside there will be greenhouses, living quarters, stores, roads, and miniature spaceships as vehicles. Lots of people, including myself will live in the space station. There will be gravity and oxygen inside. Instead of aluminum around the station there will be a special kind of glass so you can watch the stars. The space station will float around the universe so that everyone can see the distant planets and stars. I'm very excited about the future!

Someday, somewhere, sometime, someplace, someone will sit and stare. They will watch as the world goes whizzing by, and they'll be awed but will not wonder. Though some may live in outer space, and others here on earth, there will still be love and peace and joy. There will still be hate and hurt. Under the grey mask of new technology (which will cover the face of long-lost ecology) there'll be no significant change, my friends, in the city, or out on the range. For ways and wars and people and stars, and all that changes will remain the same.

Margaret 13 Ontario.

Margaret, 13, Ontario

Someday, somewhere, sometime, someplace, someone will sit and stare. They will watch as the world goes whizzing by and they'll be awed, but will not wonder. Though some may live in outer space, and others here on earth, there will still be love and peace and joy. There will still be hate and hurt. Under the gray mask of new technology (which will cover the face of long-lost ecology) there'll be no significant change, my friends, in the city, or out on the range. For ways and wars and people and stars and all that changes will remain the same.

Someday... children's voices will be heard and people around the world will listen. They will hear the voices of children who go hungry every day. They will hear the cries of children who are forced to work instead of going to school, and they will feel the pain of children who are abused. The world will open its arms to them and bless them with the gift of hope. They will no longer be hungry, cold, or afraid. They will grow up to be healthy adults full of hope, kindness, and love. And this is my vision and my wish . . . someday.

Elizabeth   age 11   Nova Scotia

Elizabeth, 11, Nova Scotia

Someday... children's voices will be heard and people around the world will listen. They will hear the voices of children who go hungry every day. They will hear the cries of children who are forced to work instead of going to school, and they will feel the pain of children who are abused. The world will open its arms to them and bless them with the gift of hope. They will no longer be hungry, cold, or afraid. They will grow up to be healthy adults full of hope, kindness, and love. And this is my vision and my wish... someday.

Someday, I think that there will be such advanced technology that people will be able to live in space. The houses will float, in orbit around Earth, and be connected to each other with air hoses. One end of the hose will be connected to a pump on Earth that pumps oxygen into the houses. Every house will have giant solar pads on top, so the appliances can be solar powered. Every neighbourhood would have a professional astronaut living in it just in case. But the best part about living in space would be riding to school in a spaceship!

Natalie, 12, Ontario

Natalie, 12, Ontario

Someday, I think that there will be such advanced technology that people will be able to live in space. The houses will float in orbit around Earth, and be connected to each other with air hoses. One end of the hose would be connected to a pump on Earth that pumps oxygen into the houses. Every house will have giant solar pads on the top, so the appliances can be solar powered. Every neighbourhood would have a professional astronaut living in it just in case. But the best part about living in space would be riding to school in a spaceship!

Someday there will be . spaceships, time machines and lots of aliens. Even billions of other universes and other beings. Other planets will have plants that can talk! We will be able to make more planets- just catch asteroids and build a new solar system. Time travel will take us to anywhen and we will take pictures with our advanced version cameras. Imagine Mindreading, no pollution and vacations to other galaxies. With computer chips in kids brains school will take one hour not years! But there will still be candy and teddy bears. So stay healthy and live to see it happen!

Heather, 7, ontario

Heather, 7, Ontario

Someday there will be spaceships, time machines and lots of aliens. Even billions of other universes and other beings. Other planets will have plants that can talk! We will be able to make more planets - just catch asteroids and build a new solar system. Time travel will take us to anywhere and we will take pictures with our advanced version cameras. Imagine mind reading, no pollution and vacations to other galaxies. With computer chips in kids' brains, school will take one hour not years! But there will still be candy and teddy bears. So stay healthy and live to see it happen!

Someday I will be a famous inventor and I will invent a candy that can block the sun from your body. The candy will be guaranteed to protect you from the sun more than any old sunscreen will ever protect you. I think it is important because some kids don't like the feeling of sunblock. It is very gooey. This product would make it easier to use and even more delicous than ever. The candy will be in any flauvor of fruit ever created. It will be available at all drugstores and shopping markets. It will be safe for all children.

Jordyn 8 Ontario

Jordyn, 8, Ontario

Someday I will be a famous inventor and I will invent a candy that can block the sun from your body. The candy will be guaranteed to protect you from the sun more than any old sunscreen will ever protect you. I think it is important because some kids don't like the feeling of sunblock. It is very gooey. This product would make it easier to use and even more delicious than ever. The candy will be in any flavour of fruit ever created. It will be available at all drugstores and shopping markets. It will be safe for all children.

Someday travelling will be affordable for everyone in the world. All one must simply do is fold their house into an average size suitcase this can be learned at one simple night class. When you reach your vacation resort all you will need to do is pop open your suitcase and Voila your house. Special planes will be supplied at all major cities throught the world to get you there at a bargain price of one hundred dollars. Nothing but fun for everyone but only offered four times a year once for every season.

Bon Voyage
Ally age 10 Saskatchewan

Ally, 10, Saskatchewan

Someday travelling will be affordable for everyone in the world. All one must simply do is fold their house into an average size suitcase. This can be learned by one simple night class. When you reach your vacation resort all you will need to do is pop open your suitcase and, voila, your house. Special planes will be supplied at all major cities throughout the world to get you there at a bargain price of one hundred dollars. Nothing but fun for everyone, but only offered four times a year, once for every season. Bon Voyage.

Someday, I'll look back on the past and ask: is this what I expected for the future? Will I look out my window to see flying cars and mechanical androids and wonder: have we accomplished everything possible? Is everyone going to be so absorbed in technology that we'll forget the need to develop our minds and social interactions with people? I believe that more peopl will become involved in creating peace. We'll confidently discuss problems and work together to find solutions. The future will be about caring for each other and finally reaching the ultimate goal — happiness

Raquel 12 Saskatchewan

Raquel, 12, Saskatchewan

Someday, I'll look back on the past and ask: Is this what I expected for the future? Will I look out my window to see flying cars and mechanical androids and wonder: Have we accomplished everything possible? Is everyone going to be so absorbed in technology that we'll forget the need to develop our minds and social interactions with people? I believe that more people will become involved in creating peace. We'll confidently discuss problems and work together to find solutions. The future will be about caring for each other and finally reaching the ultimate goal - happiness.

Someday kids won't have to worry about being cool. They will be able to do what they want without worrying about what others will think of them. Kids will be able to be smart, look the way they want to, or just be plain silly. They will be able to play with anyone, date anyone, and hang out with whoever they want. No one will care how others look. Someday coolness will not matter and people will be able to be themselves without being afraid. We will all finally be

free

Michelle   10   Ontario

Michelle, 10, Ontario

Someday kids won't have to worry about being cool. They will be able to do what they want without worrying about what others will think of them. Kids will be able to be smart, look the way they want to, or just be plain silly. They will be able to play with anyone, date anyone, and hang out with whoever they want. No one will care how others look. Some day coolness will not matter and people will be able to be themselves without being afraid. We will all finally be free!

"Someday," began Mama, the village storyteller, "the wind will howl and the rain will pour. Almighty will speak to us, telling us the suffering is over." The people listened intently. The suffering must stop. "His voice will tell us of a planet that we'll be taken to to start a new life. Adaptation will be hard, but life will improve."

Mama paused. Her audience was wide-eyed. This time had been awaited, when humans would be given a second chance on a clean planet. Just then, the wind began to howl and the rain began to pour. The time had come.

Shivani, 13. Ontario

Shivani, 13, Ontario

"Someday…", began Mama, the village storyteller, "the wind will howl and the rain will pour. Almighty will speak to us, telling us the suffering is over." The people listened intently. The suffering must stop. "His voice will tell us of a planet that we'll be taken to, to start a new life. Adaptation will be hard, but life will improve." Mama paused. Her audience was wide-eyed. This time had been awaited; when humans would be given a second chance on a clean planet. Just then, the wind began to howl and the rain began to pour. The time had come.

Someday, I am going to walk down the street, and say "hello" to everyone around, they will reply.
Someday, I am going to answer the door, and not worry about them hurting me or my family.
Someday, I will wear what I want and not care about what other people think.
Someday, I'll listen to a song without any drugs or swearing.
Someday the whole solor system will not be a junkyard any more.
Someday, people won't think of me as black or white, tall or short, cool or uncool, but as a person and thats all I can ask for!

Samantha, 11, Ontario

Honourable Mention

Samantha, 11, Ontario

Someday, I am going to walk down the street and say "hello" to everyone around and they will reply. Someday, I am going to answer the door, and not worry about them hurting me or my family. Someday, I will wear what I want and not care about what other people think. Someday I'll listen to a song without any drugs or swearing. Someday, the whole solar system will not be a junkyard any more. Someday, people won't think of me as black or white, tall or short, cool or uncool, but as a person and that's all I can ask for!

Someday in the future I will be older and will look younger because a scientist named Doctor Steel will create a potion that makes people younger and he will become very rich. But he didn't invent the potion. It happened one day while Doctor Steel was sitting in his office and a bird swooped in and knocked some potions together and he drank some of the potion then it turned him young again so he thought if I made more of these potions I could become rich so he did. So in the future everyone is young.

Michelle, 10, British Columbia

Michelle, 10, British Columbia

Someday, in the future I will be older and will look younger because a scientist named Doctor Steel will create a potion that makes people younger and he will become very rich. But he didn't invent the potion. It happened one day while Doctor Steel was sitting in his office and a bird swooped in and knocked some potions together and he drank some of the potion then it turned him young again so he thought if I made more of these potions I could become rich and he did. So in the future everyone is young.

Someday, technology will be so advanced, that things we now think impossible, will be everyday things. There will be no use of streets, since cars will zoom to destinations in the air. Entertainment will no longer be television and sports, it will be more like game helmets, but instead of just seeing a black inside, there will be pictures of games that make you feel like you're actually playing them. Instead of skateboards, teenagers will surf on hoverboards. Computers will no longer need keyboards and mouses, because everyone will speak to them, telling them what to do. Run! The future's here!

Megan 11 Ontario

Megan, 11, Ontario

Someday technology will be so advanced that things we now think impossible will be everyday things. There will be no use of streets, since cars will zoom to destinations in the air. Entertainment will no longer be television and sports, it will be more like game helmets, but instead of just seeing a black inside, there will be pictures that make you feel like you're actually playing them. Instead of skateboards, teenagers will surf on hoverboards. Computers will no longer need keyboards and mouses because everyone will just speak to them telling the computer what to do. Run! The future is here!

Someday I want to be a skyway model so that everybody in the universe can see me. The sky way will rotate around the universe and my clothes will be the most interesting clothes anyone ever saw. When I walk, the earth will be my background and when I want to go home the skyway will fly me home to my bed in the clouds. When it is time to go to sleep and I get cold, I grab another cloud to be my pillow and my blanket and off to sleep I go to dream about being a sky way super model.

Danika, 7, British Columbia

Danika, 7, British Columbia

Someday I want to be a skyway model so that everybody in the universe can see me. The skyway will rotate around the universe and my clothes will be the most interesting clothes anyone ever saw. When I walk, the earth will be my background and when I want to go home the skyway will fly me home to my bed in the clouds. When it is time to go to sleep and I get cold, I grab another cloud to be my pillow and my blanket and off to sleep I go to dream about being a skyway super model.

Someday in the future I might be able to invite my friend T.J. from The Bronx, NY and Mustafa from Baghdad to come with their airo-bikes and spend the day together. We could go to another galaxy and eat at the world-famous café Galaxy Burger or go to play games at the Astroid Arcade. After that we may go to see a movie on Uranus. Then we can return to our small clean planet which has no war, hunger, or poverty. I always wonder how we, the people of Earth succeeded to form friendship among each other and live in peace.

Nick age 13 Ontario

Nick, 13, Ontario

Someday in the future I might be able to invite my friend T.J. from The Bronx, N.Y. and Mustafa from Baghdad, to come with their airo-bikes and spend the day together. We could go to another galaxy and eat at the world famous café, Galaxy Burger or go to play games at the Asteroid Arcade. After that we may go to see a movie on Uranus. Then we can return to our small clean planet that has no war, hunger or poverty. I always wonder, how we, the people of Earth succeeded to form friendships among each other and live in peace.

Someday it will be normal to travel in space. The sun will explode into a red giant. If any people on Earth are alive, they will be smart and able to get off the planet. Our heads will be bigger because we are going to think more. Our ears will be bigger because we will hear better. Our noses will be smaller because we won't need to smell as much. Our mouths will be the same size because we will eat the same foods. Our Earth will be polluted so people will have to live underground, or on other faraway planets.

Zoë-Genevieve, 8, Nova Scotia

Zoë-Genevieve, 8, Nova Scotia

Someday it will be normal to travel in space. The sun will explode into a red giant. If any people on Earth are alive, they will be smart and able to get off the planet. Our heads will be bigger because we will be thinking more. Our ears will be bigger because we will hear better. Our noses will be smaller because we won't need to smell as much. Our mouths will be the same size because we will eat the same food. Our Earth will be polluted so people will have to live underground or on other faraway planets.

Someday in the future when we will have flying cars, Someone will make a wepon so powerful that it will destroy Earth. The mad man who made the wepon will demand ransom for one hun dred trillion dollars. The goverament won't want to pay that much money so they get twenty Spaceships and will try to evacuate the Earth. There are not enough Spaceships to take all of the people off Earth. There is enough room for one hundred thousand people. They get the people off Earth and then Earth Explodes. So they set off for a new world to live on.

Adam, 13, Ontario

Adam, 13, Ontario

Someday in the future when we will have flying cars, someone will make a weapon so powerful that it will destroy earth. The mad man who made the weapon will demand ransom for one hundred trillion dollars. The government won't want to pay that much money so they get twenty spaceships and will try to evacuate the earth. There are not enough spaceships to take all of the people off Earth. There is enough room for one hundred thousand people. They get the people off Earth and then Earth Explodes. So they set off for a new world to live on.

John, 10, British Columbia

Someday in the year twenty eighty the population of the earth will
have grown so large that we will be living in one hundred story
buildings with five families to a room and one child per family.
In the year three thousand we may be living on other planets. There
will be no luxury. In the year four thousand we will have grown so
desperate that we will be searching for ways to live underground
and ways to make ourselves smaller to take up less room on the Earth.
This trend will be called the dwarfish formula. OVER POPULATION
IS DEADLY!

Someday all barriers of communication will have been breached, thanks to the internet. Someone will create an electronic language which will become universal, eliminating misunderstandings and alienation across the world. And because of this invention, the world will unite and become one country. Science, technology and the economy will excel because of this union; for we will be working together in harmony to achieve our goals. There will be no poor, no rich; all will be equal and all will have equal opportunities. And through this chain reaction, the miracle of world peace will have finally been obtained.

Gregorio, 13, Quebec

Gregorio, 12, Quebec

Someday all barriers of communication will have been breached, thanks to the Internet. Someone will create an electronic language that will become universal, eliminating misunderstandings and alienation across the world. And because of this invention the world will unite and become one country. Science, technology and the economy will excel because of this union; for we will be working together in harmony to achieve our goals. There will be no poor, no rich; all will be equal and all will have equal opportunities. And through this chain reaction, the miracle of world peace will have finally been obtained.

Someday I think a very smart scientist will discover a floating rock. He will also find two trillion rocks in an underwater cave. Then he would glue all the pieces together. He would make a huge platform and another huge platform. A big crane would lift them into the middle of the sea. After a year this scientist would finish the project and start to find special materials to make a house in the middle for himself. Then he would make many more houses. There would be submarine transportation. This community would live very peacefully. And that rock would become famous!

Jeremy, 9, B.C.

Jeremy, 9, British Columbia

Someday I think a very smart scientist will discover a floating rock. He will also find two trillion rocks in an underwater cave. Then he would glue all the pieces together. He would make a huge platform and another huge platform. A big crane would lift them into the middle of the sea. After a year this scientist would finish the project and start to find special materials to make a house in the middle for himself. Then he would make many more houses. There would be submarine transportation. This community would live very peacefully. And that rock would become famous!

Someday in the future all schools will be supported with better Technology. Instead of using school books everyone will have laptops installed in their desk with everything already programmed for them. There will be automatic doors so that people in wheelchairs won't always need someone right by them, and people carrying heavy boxes wouldn't have to stop to open the door. The lockers would have number pads on them and you would just need to punch in a code and the locker would automatically open. Things would be different than they are today but technology would help people in many ways!

Natasha 12. Newfoundland

Natasha, 12, Newfoundland

Someday in the future all schools will be supported with better technology. Instead of using schoolbooks everyone will have laptops installed in their desks with everything already programmed for them. There will be automatic doors so that people in wheelchairs won't always need someone right by them and people carrying heavy boxes wouldn't have to stop to open the door. The lockers would have number pads on them and you would just need to punch in a code and the locker would automatically open. Things would be different than they are today but technology would help people in many ways!

Someday, I think the world's population will be more environmentally friendly. I believe there will be extensive use of solar power, both in homes and in industry. Cars will run on a combination of solar power and batteries. Less emissions will lead to a cleaner atmosphere, slowing the depletion of the ozone layer and reducing global warming. I hope that in less developed countries, increased environmental awareness will drastically reduce the cutting of rainforests. A more equal global economy will lead to jobs being available to people in third world countries in new industries such as the production of solar panels.

Steven, 12, British Columbia

Steven, 12, British Columbia

Someday I think the world's population will be more environmentally friendly. I believe there will be extensive use of solar power, both in homes and in industry. Cars will run on a combination of solar power and batteries. Less emissions will lead to a cleaner atmosphere, slowing the depletion of the ozone layer and reducing global warming. I hope that in less developed countries increased environmental awareness will drastically reduce the cutting of rainforests. A more equal global economy will lead to jobs being available to people in third world countries and in industries such as the production of solar panels.

Un jour...
202 nouvelles de

Produit et publié par
STAPLES® BusinessDepot™/BUREAU EN GROS^MC

COMPAQ

Afin de reconnaître la valeur de l'éducation, STAPLES® BusinessDepot™/ BUREAU EN GROS^MC a décidé d'organiser un concours de nouvelles pour les enfants canadiens. Après avoir reçu un total impressionnant de 4 000 nouvelles, notre jury en a sélectionné 202 pour les rassembler dans un livre de nouvelles qui sera publié pour la première fois. Nous sommes heureux de pouvoir faire don équitablement des recettes provenant de la vente de ce livre entre les écoles des 100 premiers gagnants avec un chèque de 5 000 $ offert à l'école de la gagnante du premier prix. Nous espérons que vous prendrez autant de plaisir à lire ce livre que nous en avons pris pour le préparer.

Publié par STAPLES Business Depot/
BUREAU EN GROS
30 Centurian Drive, Bureau 106
Markham, Ontario
L3R 8B9

Nous nous trouvons sur le World Wide Web à :
bureauengros.com ou à businessdepot.com

Copyright ©
STAPLES Business Depot /BUREAU EN GROS

STAPLES Business Depot /BUREAU EN GROS fera don de toutes
les recettes nettes provenant des ventes de ce livre en les distribuant
équitablement entre les écoles des 100 gagnants. De plus, un chèque
de 5 000 $ sera offert à l'école de la gagnante du premier prix :
Kate Schutzman de Regina, Saskatchewan.

Pour de plus amples détails concernant les dons faits aux écoles par
STAPLES Business Depot /BUREAU EN GROS, veuillez écrire à :
P.O. Box 3619 Industrial Park
Markham, ON, L3R 9Z9

Conception de la couverture : John Gale et Isabelle Tremblay

Illustration de la couverture : Isabelle Tremblay

Première date de publication : décembre 2001

ISBN 0-9689688-0-5.

Imprimé et relié au Canada.

Remerciements

STAPLES Business Depot /BUREAU EN GROS aimerait remercier les organisations et personnes suivantes pour les efforts fournis pour réaliser ce livre :

- Jean Little, célèbre auteure canadienne de livres d'enfants, pour avoir composé elle-même une nouvelle et pour son aide au projet d'écriture.

- COMPAQ, pour leur don généreux du premier prix, un système informatique avec moniteur et imprimante.

- Isabelle Tremblay qui a donné généreusement son temps pour illustrer la page couverture.

- Anne Grose qui a conçu et dirigé le projet du concours d'écriture.

- Jane Marie McAvoy, pour sa coordonnation et son organisation.

- Le jury :
  Richard Dumont, Brigitte Paradis,
  Carole Rivard-Lacroix et Isabelle Tremblay.

- Les 4 000 enfants dans tout le Canada qui ont participé au concours. Sans eux, nous ne pourrions compiler cette extraordinaire anthologie de nouvelles.

- Tous les associés de STAPLES Business Depot /BUREAU EN GROS qui ont aidé à ce projet en donnant leur temps pour servir comme juges préliminaires et effectuer les tâches administratives.

Et... un grand merci

à vous tous qui avez contribué à l'éducation des enfants canadiens en achetant ce livre !

Préface par Steve Matyas
Président
STAPLES Business Depot/
BUREAU EN GROS

Les visions ont tendance à changer avec le temps et avec les circonstances actuelles. À STAPLES Business Depot et BUREAU EN GROS, notre vision est demeurée la même au fil des ans et elle est entrelacée au cœur même de la culture de notre compagnie partout au Canada. Sa simplicité et sa compréhension facile déterminent la façon avec laquelle nos associés (le personnel) acceptent et adoptent nos croyances. Dans notre vision à long terme, nous continuons à influencer et encourager l'innovation, l'esprit d'entreprise et la motivation chez nos associés qui à leur tour agiront au profit de nos clients et de l'avenir de notre compagnie.

En publiant ce livre, nous avons voulu reproduire les idées de la prochaine génération de jeunes visionnaires. Nous sommes fiers de présenter cette collection des mondes fantaisistes bien développés de l'avenir. Sur le plan collectif, ces auteurs aux talents multiples ont créé un livre d'images hautement inventifs raconté dans un style qui, de temps en temps, est à la fois sophistiqué et naïf. Certains des thèmes choisis sont universellement reconnus alors que d'autres sont agréablement étranges abordant une variété de questions d'égal enthousiasme. Mais cela ne fait que commencer à décrire un talent et une imagination illimités. Ces nouvelles, qui racontent l'avenir d'une façon comique ou triste, deviennent un trésor changeant de bonne lecture pour tout le monde. Vous serez surpris de voir combien ces visions sont faciles à lire et enchanteresses.

Aux enfants qui n'ont pas atteint le stade final, nous vous remercions d'avoir partagé vos idées avec nous : restez fidèles à votre vision. J'aimerais aussi remercier nos associés qui ont créé ce projet et ont participé à chacune de ses phases pour vous offrir ce livre. C'est un plaisir de vous honorer tous.

Merci.

S Matyas

Jean Little est née à Taiwan le 2 janvier 1932. Ses parents étaient médecins canadiens travaillant comme missionnaires médicaux pour l'Église Unie du Canada. La famille Little est rentrée au Canada en 1939 et s'est installée à Guelph en 1940. Jean, bien qu'étant aveugle de naissance, a suivi des cours normaux dans les écoles élémentaires et secondaires. Elle a étudié à l'université de Toronto et a obtenu son baccalauréat en langue et littérature anglaises.

Après avoir enseigné à de jeunes handicapés pendant plusieurs années, Jean Little a écrit son premier livre d'enfant *MINE FOR KEEPS* dont le héros est un enfant atteint d'infirmité motrice cérébrale. Ce livre lui a valu le prix Little Brown Canadian Children's Book Award et a été publié en 1962. Depuis cette date, Jean a publié trente autres livres. Elle a reçu huit prix littéraires pour ses œuvres qui ont été publiées mondialement. Ses livres ont été traduits en dix langues. Elle a enseigné la littérature pour enfants à l'université de Guelph où elle occupe le poste de professeure adjointe au département d'anglais. Elle détient trois titres honorifiques. Elle a participé à des conférences au Canada et aux États-Unis sur l'écriture, sur les enfants et leur lecture et sur les défis que doit surmonter une personne aveugle dans le monde d'aujourd'hui.

Durant ses voyages elle a parlé amplement aux enfants au sujet des plaisirs de la lecture et de l'écriture. Elle vit en Ontario avec sa sœur Pat, sa petite-nièce Jeanie, son petit-neveu Ben, deux chiens, deux chats, deux cochons d'Inde, deux lapins nains et deux perroquets gris d'Afrique. Elle écrit sur un odinateur parlant et voyage avec son chien d'aveugle, un labrador jaune, nommé Pippa. Elle est membre de l'Ordre du Canada.

Jean Little, Ontario.

« Un jour… » à l'âge de 12 ans j'ai pensé, « je veux écrire des livres qui seront rangés sur l'étagère d'une bibliothèque publique. » Je contemplais les deux étagères pleines de livres de Lucy Maude Montgomery et je rêvais. Mon père serait si fier. Pourtant, maintenant l'étagère des livres de Jean Little ne me fait pas jubiler. Au contraire, je rêve d'écrire des livres qui permettent aux enfants de sortir de leur monde et d'entrer dans le monde des autres. Une bonne histoire peut nous toucher profondément et nous secouer. Je rêve qu'un jour tous les enfants liront en toute liberté, se comprendront les uns les autres et auront assez de cœur pour sauver le monde.

Préface par Jean Little
Auteure de livres d'enfant
et enseignante

C'est une collection fascinante. Les enfants ont été invités à écrire leur vision de l'avenir en cent et un mots en commençant par « Un jour... ». Ce n'est pas la tâche la plus facile au monde. Il ne s'agit pas seulement de faire attention aux mots mais aussi de les compter. Ceci exige des jeunes écrivains de discipliner leurs idées. Il y a la tentation de bavarder dès qu'on commence à rêver de l'avenir, mais les restrictions imposées sur ces écrivains les forcent à se tenir à l'essentiel de leur rêve et à rejeter le superflu. Je l'ai moi-même essayé et j'ai trouvé que c'est un exercice utile. Dans ce monde troublant et effrayant, nous avons besoin de polir nos rêves et de les partager avec les autres. Un tel travail peut donner naissance à de grands projets. Des graines peuvent être plantées, à la fois réelles et imaginaires, et une de ces graines donnera « un jour », peut-être, une fleur splendide.

Je souhaite bonne chance aux écrivains et je défie ceux d'entre vous qui prendront ce livre, commenceront à le feuilleter par amusement puis le prendront au sérieux. Après l'avoir lu, essayez d'ébaucher votre vision et de l'écrire en cent et un mots en commençant par « Un jour...». Si vous ne réussissez pas à améliorer le monde, vous aurez au moins respecté tous ces garçons et filles qui ont relevé le défi de l'écriture fascinante lancé par STAPLES Business Depot/BUREAU EN GROS.

Jean Little

notre gagnante du premier prix

Kate S.,

13 ans,
de Regina, Saskatchewan

illustré par Isabelle Tremblay

"Someday I hope there will be world peace," said Amanda Theisler, newly crowned Miss America.

Years later studying gene samples from past Nobel Peace Prize recipients Doctor Amanda Theisler observed something she had never seen before. She plunged into her computerized picture indices of genes. Amazed, Theisler realized that she had found a gene from the "Predicted-Not Observed" list. Theisler isolated the gene for tranquillity and conciliation and rushed it to the cloning lab.

Within months all governments declared the cloned "Pax" gene a mandatory immunization. World peace was real. Future Miss Americas would have to dream of something else.

Kate, 13, Saskatchewan

Kate, 13 ans, Saskatchewan

« Un jour… j'espère qu'il y aura la paix dans le monde » avait dit Amanda Theisler, la Miss America nouvellement élue. Après bien des années, alors qu'elle examinait des échantillons de gènes recueillis d'anciens récipiendaires de prix Nobel de la paix, docteur Amanda Thiesler remarqua quelque chose de jamais vu auparavant. Elle se concentra sur ses photos d'indices de gènes informatisées. Frappée de stupeur, Theisler s'est rendu compte qu'elle venait de découvrir un gène dans la liste « prévue – non observée ». Elle isola le gène de la tranquillité et de la conciliation et le prit d'urgence au laboratoire de clonage. Après quelques mois, les gouvernements ont déclaré que l'immunisation par le gène cloné « Pax » était obligatoire. La paix dans le monde était devenue réelle. Les futures Miss America devraient rêver d'autre chose.

Les meilleures histoires

Un jour ma petite sœur, Isabelle, aura grandi. Présentement elle n'a que huit mois. Mais dans un avenir non lointain, je lui lirai des histoires merveilleuses pour stimuler son imagination. Je lui apprendrai à chanter et danser. Déjà, elle me regarde faire du ballet et sourit lorsque je joue du piano. Je souhaite un jour être un petit professeur pour elle, lui enseigner comment la terre est belle avec sa nature, ses saisons et tous les animaux, lui montrer à dessiner et prendre des photos. J'aimerais faire le tour du monde avec elle. Ma sœur et moi, nous serons amies pour la vie.

Julie, 11 ans, Québec

Julie, 11, Québec

Un jour... ma petite sœur, Isabelle, aura grandi. Présentement, elle n'a que huit mois. Mais dans un avenir non lointain, je lui lirai des histoires merveilleuses pour stimuler son imagination. Je lui apprendrai à chanter et danser. Déjà, elle me regarde faire du ballet et sourit lorsque je joue du piano. Je souhaite un jour être un petit professeur pour elle, lui enseigner comment la terre est belle avec sa nature, ses saisons et tous les animaux, lui montrer à dessiner et prendre des photos. J'aimerais faire le tour du monde avec elle. Ma sœur et moi, nous serons amies pour la vie.

Un jour...il y aura la fin du monde.
Ce jour là, un nouveau monde
naîtra et ce sera comme au début
de notre monde. Il y aura Adam,
Ève, la préhistoire, le Moyen Âge,
notre siècle, le futur. Tout sera à
recommencer. Mais ce sera un
monde qui aura évolué. Les
humains ne feront que la moitié
des erreurs qu'ils ont commises
jusqu'à présent. Et cela jusqu'à
ce que le monde soit parfait. Des
milliers, voire des millions
d'années peuvent s'écouler avant
que la planète Terre ne soit qu'un
monde exemplaire d'amour,
d'amitié, de joie et de compassion
entre chaque être vivant.
Marie-Claude, 13 ans, Québec

Marie-Claude, 13, Québec

Un jour... il y aura la fin du monde. Ce jour là, un nouveau monde naîtra et ce sera comme au début de notre monde. Il y aura Adam et Ève, la préhistoire, le Moyen Âge, notre siècle, le futur. Tout sera à recommencer. Mais ce sera un monde qui aura évolué. Les humains ne feront que la moitié des erreurs qu'ils ont commises jusqu'à présent. Et cela jusqu'à ce que le monde soit parfait. Des milliers, voire des millions d'années peuvent s'écouler avant que la planète Terre ne soit qu'un monde exemplaire, d'amour, d'amitié, de joie et de compassion entre chaque être vivant.

Un jour...

...Dans des centaines d'années ou moins, lorsque l'invention de l'ordinateur et du téléphone sera dépassée, il y aura des manières de vivre différentes d'aujourd'hui. La télévision tridimensionnelle fera surface et sera très populaire jusqu'à ce que la télévision aux multiples formats existe. Question touristique, il y aura des visites guidées en méga-fusée pour découvrir notre galaxie et rencontrer des extraterrestres sur leurs planètes. Nos sportifs pratiqueront le tennis de table volant, le basket-ball synchronisé, le surf sur nuages et l'incontournable toboggan marin. Mais comment savons-nous que les inventions du présent ne seront pas de demain? Seul l'avenir nous le dira.

Julie-Léa, 13 ans, Québec

Julie-Léa, 13, Québec

Un jour... dans des centaines d'années au moins, lorsque l'invention de l'ordinateur et du téléphone sera dépassée, il y aura des manières de vivre différentes d'aujourd'hui. La télévision tridimensionnelle fera surface et sera très populaire jusqu'à ce que la télévision aux multiples formats existe. Question touristique, il y aura des visites guidées en méga-fusées pour découvrir notre galaxie et rencontrer des extraterrestres sur leurs planètes. Nos sportifs pratiqueront le tennis de table volant, le basket-ball synchronisé, le surf sur nuages et l'incontournable toboggan marin. Mais comment savons-nous que les inventions du présent ne seront pas de demain ? Seul l'avenir nous le dira.

Un jour en me promenant dans la forêt, j'ai aperçu une porte entrouverte. J'ai poussé cette porte et j'ai vu l'avenir. Il y avait des magasins colorés, des gratte-ciel et des maisons. Pourtant, il n'y avait personne. Toute la population était à l'intérieur de leur maison. Je ne savais pas pourquoi jusqu'au moment où j'ai compris la cause; la polution. J'ai frappé chez les gens pour savoir comment ils faisaient pour respirer? Tout le monde me répondait: Nous portons des masques à oxygène. Ensuite je suis partie et j'ai refranchi la porte en espérant avoir assez de temps pour changer mon environnement.

Karine, 9 ans, Québec

Karine, 9, Québec

Un jour... en me promenant dans la forêt, j'ai aperçu une porte entrouverte. J'ai poussé cette porte et j'ai vu l'avenir. Il y avait des magasins colorés, des gratte-ciel et des maisons. Pourtant, il n'y avait personne. Toute la population était à l'intérieur de leur maison. Je ne savais pas pourquoi jusqu'au moment où j'ai compris la cause : la polution. J'ai frappé chez les gens pour savoir comment ils faisaient pour respirer ? Tout le monde me répondait : nous portons des masques à oxygène. Ensuite je suis partie et j'ai refranchi la porte en espérant avoir assez de temps pour changer mon environnement.

Un jour mon rêve deviendra réalité, tout me sera possible! Ne doutez pas de moi, je suis comme une étoile filante; le ciel est ma seule limite! Je suis l'avenir! Celui qui est beau, celui qui est meilleur... Mon plaisir est de tout connaître, de tout apprendre, de tout inventer, de tout réaliser. Grâce à moi de nouveaux horizons seront découverts, de nouvelles limites seront à dépassées; la terre entière vivra de grandes joies! Donnons-nous la main et partons tous ensemble pour un voyage magique, celui de notre vie; celui de notre avenir. Voyez la vie comme moi, elle sera merveilleuse!

Marie-Hélène, 10 ans, Québec

Marie-Hélène, 10, Québec

Un jour... mon rêve deviendra réalité, tout me sera possible ! Ne doutez pas de moi, je suis comme une étoile filante; le ciel est ma seule limite ! Je suis l'avenir ! Celui qui est beau, celui qui est meilleur… Mon plaisir est de tout connaître, de tout apprendre, de tout inventer, de tout réaliser. Grâce à moi, de nouveaux horizons seront découverts, de nouvelles limites seront à dépasser, la terre entière vivra de grandes joies ! Donnons-nous la main et partons tous ensemble pour un voyage magique, celui de notre avenir. Voyez la vie comme moi, elle sera merveilleuse.

Un jour, en l'an trois mille trente-deux il sera possible de se souvenir de tous nos rêves. Grâce à la fabuleuse invention du Casque révélateur de rêves. Le mode d'emploi sera très simple. En portant le casque toute une nuit, au matin tu n'auras qu'à le brancher sur ta montre afin de visionner les rêves de la nuit. Quand vous ne vous servirez pas du casque, il sera important de le mettre en lieu sûr car n'importe qui pourra alors s'en servir et entrer dans vos rêves et les visionner. Ce casque révélateur de rêves sera du plaisir garantie.

Joanie, 11 ans, Québec

Joanie, 11, Québec

Un jour... en l'an trois mille trente-deux il sera possible de se souvenir de tous nos rêves grâce à la fabuleuse invention du casque révélateur de rêves. Le mode d'emploi sera très simple. En portant le casque toute une nuit, au matin tu n'auras qu'à le brancher sur ta montre afin de visionner les rêves de la nuit. Quand vous ne vous servirez pas du casque, il sera important de le mettre en lieu sûr car n'importe qui pourra alors s'en servir et entrer dans vos rêves et les visionner. Ce casque révélateur de rêves sera du plaisir garanti.

Un jour, toutes les écoles seront faites en pierres précieuses et en morceaux d'étoile. Les maisons seront faites en chocolat et en bonbons. Les magasins comme "Bureau En Gros" seront des magasins "étoile." Les étoiles auront la forme de cœur et de fleur. Les animaux pourront parler et écrire. Les lits seront faient en nuage bleu. Des dragons dorés garderont nos trésors et nos maisons. Tous les humains auront une baguette magique en or et en argent. La guerre sera terminée et la paix et le respect régneront sur le monde et sur toutes les planètes. Mais le reste, c'est un secret...

Marylou, 10 ans, Charlesbourg (Québec)

Marylou, 10, Québec

Un jour... toutes les écoles seront faites en pierres précieuses et en morceaux d'étoile. Les maisons seront faites en chocolat et en bonbons. Les magasins comme « Bureau en Gros » seront des magasins « étoile ». Les étoiles auront la forme de cœur et de fleur. Les animaux pourront parler et écrire. Les lits seront faits en nuage bleu. Des dragons dorés garderont nos trésors et nos maisons. Tous les humains auront une baguette magique en or et en argent. La guerre sera terminée et la paix et le respect règneront sur le monde et sur toute les planètes. Mais le reste, c'est un secret…

Un jour les bains et les douches seront électroniques. Quand tu voudras te laver tu n'auras qu'à embarquer et dire "je veux me laver". Après la machine te demanderait si tu veux te laver la tête ou le corps, si tu dis le corps elle prendrait le savon et te laverait, si tu dis la tête, elle prendrait le shampooing et le revitalisant et tu savonnerait. Quand tu aurais fini tu lui dirais d'arrêter. Après tu sortirais et tu dirais sèche-moi le corps et les cheveux aussi, et tu te tiendrais au-dessus du séchoir. Ça serait utile pour les gens qui sont fatigués ou qui ont mal au dos. Quelle belle vie pour les autres personnes.

Sarah, 11 ans, Québec.

Sarah, 11, Québec

Un jour... les bains et les douches seront électroniques. Quand tu voudras te laver, tu n'auras qu'à embarquer et dire « je veux me laver ». Après la machine te demanderait si tu veux te laver la tête ou le corps, si tu dis le corps, elle prendrait le savon et te laverait, si tu dis la tête elle prendrait le shampooing et le revitalisant et te savonnerait. Quand tu aurais fini tu lui dirais d'arrêter. Après tu sortirais et tu dirais sèche-moi le corps et les cheveux aussi, et tu te tiendrais au-dessus du séchoir. Ça serait utile pour les gens qui sont fatigués ou qui ont mal au dos. Quelle belle vie pour les autres personnes.

Un jour, tout le monde ira en vacances sur la
Lune ou sur Mars. Peut-être même qu'on rencontrera
des extraterrestres qui nous aideront en technologie.
Grâce à eux, on pourra fabriquer des soucoupes
volantes qui avanceront à des milliers de kilomètres par seconde. Elles nous permettront d'explorer
des galaxies éloignées. Les extraterrestres nous
aideront aussi à combattre la pollution. Les usines ne pollueront plus, tout comme les automobiles. On pourra enfin respirer de l'air pur ! À notre
tour, nous leur apprendrons les bonheurs de la
gastronomie : choucroute, spaghetti, fine cuisine...
Nous leur apprendrons aussi à cultiver les fruits
et les légumes. Quel échange !

Anaïs, 10 ans, Québec

Anaïs, 10, Québec

Un jour... tout le monde ira en vacances sur la lune ou sur Mars. Peut-
être même qu'on rencontrera des extraterresrtres qui nous aideront en
technologie. Grâce à eux, on pourra fabriquer des soucoupes volantes
qui avanceront à des milliers de kilomètres par seconde. Elles nous
permettront d'explorer des galaxies éloignées. Les extraterrestres nous
aideront aussi à combattre la pollution. Les usines ne pollueront plus,
tout comme les automobiles. On pourra enfin respirer de l'air pur !
À notre tour, nous leur apprendrons les bonheurs de la gatronomie :
choucroute, spaghetti, fine cuisine... Nous leur apprendrons aussi à
cultiver les fruits et les légumes. Quel échange !

UN JOUR, QUAND JE VAIS ÊTRE GRAND J'AIMERAIS ÊTRE UN ASTRONAUTE POUR ALLER SUR LA LUNE ET TOUCHER LES ÉTOILES. MA MAMAN M'A DIT QUE CHACUNE DES ÉTOILES DANS LE CIEL REPRÉSENTAIT UN ANGE QUI VEILLAIT SUR NOUS QUAND ON A PEUR LA NUIT. J'EMMENERAIS PAPA, MAMAN ET TOUS MES AMIS AVEC MOI DANS MA SUPER-FUSÉE !

Maxime, 5 ½, QUÉBEC

Maxime, 5 ¹/₂, Québec

Un jour... quand je vais être grand, j'aimerais être un astronaute pour aller sur la lune et toucher les étoiles. Ma maman m'a dit que chacune des étoiles dans le ciel représentait un ange qui veillait sur nous quand on a peur la nuit. J'emmenerais papa, maman et tous mes amis avec moi dans ma super-fusée !

Un jour, la vie ne sera plus comme elle est. La technologie sera très avancée. Les organismes génétiquement modifiés seront utilisés couramment. Peut-être aurons nous des sapins de Noël clignotants avec des gènes de lucioles. La couche d'ozone sera sûrement détruite par les gaz carboniques des voitures et la pollution. Nous enverrons des navettes spatiales partout dans la galaxie pour découvrir une nouvelle planète habitable pour y déménager tous les terriens. Nous vivrons dans des bulles de verre sur la planète Mars. Je ne sais pas si mes enfants vivrons assez longtemps pour voir tous ces progrès.

Vincent   11 ans   Québec

Vincent, 11, Québec

Un jour... la vie ne sera plus comme elle est. La technologie sera très avancée. Les organismes génétiquement modifiés seront utilisés couramment. Peut-être aurons-nous des sapins de Noël clignotants avec des gènes de lucioles. La couche d'ozone sera sûrement détruite par les gaz carboniques des voitures et la pollution. Nous enverrons des navettes spatiales partout dans la galaxie pour découvrir une nouvelle planète habitable pour y déménager tous les terriens. Nous vivrons dans des bulles de verre sur la planète Mars. Je ne sais pas si mes enfants vivront assez longtemps pour voir tous ces progrès.

Un jour, je me lève et je sors de ma chambre. J'entre dans la cuisine et j'aperçois mon déjeuner fais par un robot. Maintenant, il fait le ménage. Je vais à mon travail de gardiennage. Je monte dans mon automobile. Je suis à mon travail et je vois des robots qui surveillent les jeunes. Je vais pour donner du lait aux jeunes mais le robot est en train de les faire boire. Après une longue journée de travail, j'arrive à la maison : mon robot a tout préparé mon souper ainsi qu'un bon bain moussant chaud. C'est l'heure de dormir.

Audrey 12 ans Québec

Mentions honorables

Audrey, 12, Québec

Un jour... je me lève et je sors de ma chambre. J'entre dans la cuisine et j'aperçois mon déjeuner fait par un robot. Maintenant, il fait le ménage. Je vais à mon travail de gardiennage. Je monte dans mon automobile. Je suis à mon travail et je vois des robots qui surveillent les jeunes. Je vais pour donner du lait aux jeunes mais le robot est en train de les faire boire. Après une longue journée de travail, j'arrive à la maison : mon robot a tout préparé mon souper ainsi qu'un bon bain moussant chaud. C'est l'heure de dormir.

Un jour, en 2027, en me levant j'ai aperçu qu'il y avait des robots qui faisaient le ménage, la vaiselle, notre lit et le repas. À chaque soirée avant de me me coucher, je dois recharger les pilles. Nous sommes maintenant en 2028, les voitures ne fonctionnent plus à l'électricité car maintenant nous allonsappuyer sur un bouton rouge et l'automobile va partir en route. Nous n'allons plus avoir besoin de nos clés. Lorsque nous allons vouloir barrer ou débarrer nos portes, nous allons seulement dire un code et les portes s'ouvriront automatiquement.

Roxanne, 11 ans, St-Gervais

Roxanne, 11, Québec

Un jour... en 2027, en me levant j'ai aperçu qu'il y avait des robots qui faisaient le ménage, la vaisselle, notre lit et le repas. À chaque soirée avant de me coucher, je dois rechercher les piles. Nous sommes maintenant en 2028, les voitures ne fonctionnent plus à gaz mais à l'électricité car maintenant nous allons appuyer sur un bouton rouge et l'automobile va partir en route. Nous n'allons plus avoir besoin de nos clés. Lorsque nous allons vouloir barrer ou débarrer nos portes, nous allons seulement dire un code et les portes s'ouvriront automatiquement.

Un jour...
Je rêvais d'être grand. Aujourd'hui je me questionne. Jusqu'où la Science et la Technologie ira-t-elle? C'est intéressant de voir toutes les découvertes avancées à grand pas. Il y a assurément des bienfaits, mais je crains le danger de la puissance Technologique et de l'impact qu'elle aura sur nous et notre planète. Malgré mes craintes, je vois un avenir très prometteur à condition de s'en servir pour l'amélioration et non pour la destruction. A mon avis l'humain sera Toujours au premier rang. Ne sommes-nous pas à la base de toutes ces belles découvertes

Kevin, 11ans, Québec

Kevin, 11, Québec

Un jour… je rêvais d'être grand. Aujourd'hui je me questionne. Jusqu'où la science et la technologie ira-t-elle ? C'est intéressant de voir toutes les découvertes avancer à grand pas. Il y a assurément des bienfaits, mais je crains le danger de la puissance technologique et de l'impact qu'elle aura sur nous et notre planète. Malgré mes craintes, je vois un avenir très prometteur à condition de s'en servir pour l'amélioration et non pour la destruction. À mon avis l'humain sera toujours au premier rang. Ne sommes-nous pas à la base de toutes ces belles découvertes ?

Un jour des personnes frabriqueront des robots pour nous servir de serveur comme au restaurent. Ces robots seront capables de parler. Juste les riches pourront en avoir car ils coûteront 900 000 dollars. Ces robots seront aussi capables de faire des sports. Ils auront un cerveau aussi détaillé qu'un être humain. Ces robots seront aussi capable de voler et de conduire des automobiles. Ils seront utiles pour garder les enfants, faire le souper et aussi faire le ménage. Ces robots pourront répondre au téléphone. Ils pourront diriger une ville ou un village. Voilà ce que je pense de mon avenir aujourd'hui.

Olivier B.   11 ans   St-Gervais QC

Olivier, 11, Québec

Un jour... des personnes fabriqueront des robots pour nous servir de serveur comme au restaurant. Ces robots seront capables de parler. Juste les riches pourront en avoir car ils coûteront 900 000 dollars. Ces robots seront aussi capables de faire des sports. Ils auront un cerveau aussi détaillé qu'un être humain. Ces robots seront aussi capables de voler et de conduire des automobiles. Ils seront utiles pour garder les enfants, faire le souper et aussi faire le ménage. Ces robots pourront répondre au téléphone. Ils pourront diriger une ville ou un village. Voilà ce que je pense de mon avenir aujourd'hui.

Un jour, la technologie sera tellement avancée que j'aurai une maison automatisée. La lumière sera fournie par des panneaux solaires sur le toit de la maison. S'il n'y a pas de soleil, tous nos appareils électroniques fonctionneront avec des piles. Dans l'avenir nous aurons une machine que nous programmerons et qui fera notre excellent repas. Pour fermer les lumières, nous claquerons des doigts et elles s'éteindront. Nous aurons des robots qui couperont le gazon et feront le ménage. Nous aurons des animaux pour la compagnie électronique et des robots comme médecins. Voici comment je vois l'avenir.

Alexandre, 11ans Québec

Alexandre, 11, Québec

Un jour... la technologie sera tellement avancée que j'aurai une maison automatisée. La lumière sera fournie par des panneaux solaires sur le toit de la maison. S'il n'y a pas de soleil, tous nos appareils électriques fonctionneront avec des piles. Dans l'avenir, nous aurons une machine que nous programmerons et qui fera notre excellent repas. Pour fermer les lumières, nous claquerons des doigts et elles s'éteindront. Nous aurons des robots qui couperont le gazon et feront le ménage. Nous aurons des animaux pour la compagnie électronique et des robots comme médecins. Voici comment je vois l'avenir.

Un jour, je serai un adulte. Je deviendrai vétérinaire de petits animaux. Dans ma clinique, j'aurai un appareil qui permettra de soigner les animaux sans les endormir et sans leur faire du mal. Des robots s'occuperont de donner la nourriture en capsule aux animaux. Les autres robots s'occuperont de la clientèle. Moi, je n'ai qu'à faire que quelques chirurgies. Je peux prendre plusieurs jours de congé car les robots feront le travail à ma place. Dans plusieurs décénnies, c'est ce que je pense qu'il va arriver dans les cliniques vétérinaires.

Josée 11 ans Québec

Josée, 11, Québec

Un jour... je serai un adulte. Je deviendrai vétérinaire de petits animaux. Dans ma clinique, j'aurai un appareil qui permettra de soigner les animaux sans les endormir et sans leur faire du mal. Des robots s'occuperont de donner la nourriture en capsule aux animaux. Les autres robots s'occuperont de la clientèle. Moi, je n'ai qu'à faire que quelques chirurgies. Je peux prendre quelques jours de congé car les robots feront le travail à ma place. Dans plusieurs décennies, c'est ce que je pense qu'il va arriver dans les cliniques vétérinaires.

Un jour, je me réveille et je suis projetée dans l'avenir. Je regarde dehors et je vois des voitures électriques. Il n'y a plus de postes de gaz ; à la place nous avons des prises de courant pour les voitures. Un peu plus loin, j'aperçois des chiens électriques. Maintenant, les enfants jouent avec ces chiens. Dans la cuisine, c'est un robot qui fait la nourriture. À l'école, c'est un robot qui est notre professeur. Il n'y a plus d'argent. C'est une carte qui fait tout le travail. Je dois vous laisser. À bientôt.

Kathy 11 Québec

Kathy, 11, Québec

Un jour... je me réveille et je suis projetée dans l'avenir. Je regarde dehors et je vois des voitures électriques. Il n'y a plus de postes de gaz ; à la place nous avons des prises de courant pour les voitures. Un peu plus loin, l'aperçois des chiens électriques. Maintenant, les enfants jouent avec ces chiens. Dans la cuisine, c'est un robot qui fait la nourriture. À l'école, c'est un robot qui est notre professeur. Il n'y a plus d'argent. C'est une carte qui fait tout le travail. Je dois vous laisser. À bientôt.

Un jour dans le monde entier, je dis qu'il n'y aura plus d'argent en papier et en monnaie. Car, je pense qu'il y aura plutôt des cartes de crédit. Les gens n'auraient plus à s'acheter des porte-monnaie et la carte de crédit serait plus facile à mettre dans nos poches. Plus tard, en l'an 3000, nous n'aurions plus rien : l'argent n'existerait même plus. Nous aurions juste à dire un mot de passe, à la caisse ou dans les magasins et ce serait correct. J'espère que mon texte sera réel plus tard.

Judy, 11 ans, Honfleur Québec

Judy, 11, Québec

Un jour... dans le monde entier, je dis qu'il n'y aura plus d'argent en papier et en monnaie. Car, je pense qu'il y aura plutôt des cartes de crédit. Les gens n'auraient plus à s'acheter des porte-monnaie et la carte de crédit serait plus facile à mettre dans nos poches. Plus tard, en l'an 3 000, nous n'aurions plus rien : l'argent n'existerait même plus. Nous aurions juste à dire un mot de passe, à la caisse ou dans les magasins et ce serait correct. J'espère que mon texte sera réel plus tard.

Un jour, je vais partir en fusée pour aller sur Jupiter. Mon voyage durera un an, le temps d'y trouver une pierre d'énergie. Je retournerai sur terre. Puis, j'irais dans mon garage immense pour y construire un vaisseau spatial qui irait 20 fois la vitesse du son. Il y aura des boutons, des commandes, des aspirateurs, une manette de commande... Je commencerai par construire deux méga réacteurs, puis j'installerai la salle des commandes et la précieuse pierre d'énergie. Ce vaisseau servira à aspirer toutes les armes de la terre, pour avoir un avenir sans arme et sans violence.

Jonathan, 12 ans, Québec

Jonathan, 12, Québec

Un jour... je vais partir en fusée pour aller sur Jupiter. Mon voyage durera un an, le temps d'y trouver une pierre d'énergie. Je retournerai sur Terre. Puis, j'irai dans mon garage immense pour y construire un vaisseau spatial qui irait 20 fois la vitesse du son. Il y aura des boutons, des commandes, des aspirateurs, une manète de commande… Je commencerai par construire deux méga réacteurs, puis j'installerai la salle des commandes et la précieuse pierre d'énergie. Ce vaisseau servira à aspirer toute les armes de la terre, pour avoir un avenir sans arme et sans violence.

Un jour, toutes les voitures marcheront
à l'énergie solaire. La science sera deux
fois plus évoluée qu'aujourd'hui. Les
scientifiques auront enfin trouvé des
remèdes contre le cancer. Nous pourrons
faire des visites guidées dans l'espace.
Il nous restera assez de couche d'ozone
pour survivre. Les compagnies de tabac
seront en faillite et tout ira pour le mieux.

David 11ans Québec

David, 11, Québec

Un jour... toutes les voitures marcheront à l'énergie solaire. La science
sera deux fois plus évoluée qu'aujourd'hui. Les scientifiques auront
enfin trouvé des remèdes contre le cancer. Nous pourrons faire des
visites guidées dans l'espace. Il nous restera assez de couche d'ozone
pour survivre. Les compagnies de tabac seront en faillite et tout ira
pour le mieux.

Un jour, nous pensons à l'avenir. Cet avenir sera-t-il désastreux ou merveilleux ? Moi quand je pense à l'avenir, je pense à ... Des inventions qui permettent de transporter une personne d'un endroit à l'autre en quelques milliers de secondes. Il y a aussi des robots qui ramassent les déchets, alors il n'y a plus de pollution. Les gens gagnent plus d'argent et ils possèdent encore plus de gigantesques maisons. Il y a de plus en plus de gens qui sont bilingues français et anglais. J'espère que ceci va se produire dans les années suivantes.

Jonathan 11 Québec

Jonathan, 11, Québec

Un jour... nous pensons à l'avenir. Cet avenir sera-t-il désastreux ou merveilleux ? Moi quand je pense à l'avenir, je pense à … Des inventions qui permettent de transporter une personne d'un endroit à l'autre en quelques milliers de secondes. Il y a aussi des robots qui ramassent les déchets, alors il n'y a plus de pollution. Les gens gagnent plus d'argent et ils possèdent encore plus de gigantesques maisons. Il y a de plus en plus de gens qui sont bilingues français et anglais. J'espère que ceci va se produire dans les années suivantes.

Un jour, le monde aura des ordinateurs portatifs. Il n'y aura plus de feuilles de papier. Comme à l'école par exemple, on aura plus de cahier, tout sera sur un ordinateur et nous enregistrerons tout sur une disquette. Il y aura une imprimante reliée à tous les ordinateurs. Tous les emploies d'informaticiens seront pris. Pour payer nos vêtements, nous aurons une puce dans notre main qui fonctionnera grâce aux battements de notre coeur. Il faudra mettra mettre l'argent dans notre compte, en sécurité.

Marie-Pier, 12 ans, Québec

Marie-Pier, 12, Québec

Un jour... tout le monde aura des ordinateurs portatifs. Il n'y aura plus de feuilles de papier. Comme à l'école par exemple, on n'aura plus de cahier, tout va être sur un ordinateur et nous allons enregistrer tout sur une disquette. Il va y avoir une imprimante reliée à tous les ordinateurs. Tous les emplois d'informaticiens vont être pris. Pour payer nos vêtements, nous allons avoir une puce dans notre main qui va fonctionner grâce aux battements de notre coeur. Il va falloir mettre notre main sur un scanner, cela va prendre l'argent dans notre compte en sécurité.

Un jour, j'aimerais devenir une enseignante avec deux beaux enfants à dorloter. Ma petite famille habiterait bien au chaud dans une jolie maison de campagne. J'aurais un animal de compagnie très affectueux. Je ne serais pas riche, ni pauvre. Je gagnerais le nécessaire pour faire vivre les habitants de ma maison et pour pouvoir sortir et faire des loisirs. Je n'oublierais pas de rendre visite à ma parenté comme mes parents, mon frère et ma sœur. Maintenant, arrêtons-nous en à ce point-là, car ce n'est qu'un rêve qui peut bien changer.

Johanie, 11 ans, Québec

Johanie, 11, Québec

Un jour... j'aimerais devenir une enseignante avec deux beaux enfants à dorloter. Ma petite famille habiterait bien au chaud dans une maison de campagne. J'aurais un animal de compagnie très affectueux. Je ne serais pas riche, ni pauvre. Je gagnerais le nécessaire pour faire vivre les habitants de ma maison et pour pouvoir sortir et faire des loisirs. Je n'oublierais pas de rendre visite à ma parenté comme mes parents, mon frère et ma sœur. Maintenant, arrêtons-nous en à ce point là, car ce n'est qu'un rêve qui peut bien changer...

Un jour je serai policier parce que j'aime l'action. Je veux protéger les gens en difficulté et je veux enfermer les criminels pour que les gens soient contents et en sécurité. Il ne faut pas que quelqu'un sorte son révolver et tire sur un humain. Je voudrais que sur la terre il n'y ait plus de violence, plus d'agression sexuelle etc. Moi, à l'école, je me force parce que pour être policier, il faut avoir de bonnes notes et il faut l'anglais. Moi, c'est ça que je veux être plus tard. Merci.

écrit par Isabelle pour...

Pierre-Luc, 11ans, Québec

Pierre-Luc, 11, Québec

Un jour... je serai policier parce que j'aime l'action. Je veux protéger les gens en difficulté et je veux enfermer les criminels pour que les gens soient contents et en sécurité. Il ne faut pas que quelqu'un sorte son révolver et tire sur un humain. Je voudrais que sur la terre il n'y a ait plus de violence, plus d'agression sexuelle, etc. Moi à l'école, je me force parce que pour être policier il faut avoir de bonnes notes et il faut apprendre l'anglais. Moi c'est ça que je veux être plus tard. Merci.

Un jour, en deux mille vingt, j'aurai trente ans
et je serai un professionnel en informatique. J'aurai
une entreprise d'environ cinquante mille employés.
J'aurai une mustang et une décapotable rouge. J'aurai
une énorme maison à deux étages avec une
piscine creusée extérieure et une piscine creusée
intérieure. J'aurai un jet privé. Je serai millionaire.
Je vais même créer une nouvelle sorte de
lunette virtuelle. Elle consistera à faire voyager la
personne dans un autre monde. J'aurai une écurie
avec un cheval tout noir qui s'appellera Black
Et me voilà quand j'aurai trente ans.

Vincent 11 ans Québec

Vincent, 11, Québec

Un jour... en deux mille vingt, j'aurai trente ans et je serai un
professionnel en informatique. J'aurai une entreprise d'environ
cinquante mille employés. J'aurai une Mustang et une décapotable
rouge. J'aurai une énorme maison à deux étages avec une piscine
creusée extérieure et une piscine creusée intérieure. J'aurai un jet
privé. Je serai millionaire. Je vais même créer une nouvelle sorte
de lunette virtuelle. Elle consistera à faire voyager la personne
dans un autre monde. J'aurai une écurie avec un cheval noir qui
s'appellera Black. Et me voilà quand j'aurai trente ans.

Un Jour la vie sur terre s'éteindra.
Il ni aura plus d'humains ni d'animaux.
Je ne sais pas s'il y aura une autre sorte de vie
ou d'être vivants.
Mais que deviendra la terre sans être vivants
comme les animaux, les humains, et les insectes.
La terre Sera-t-elle "Boum" ?
Qui sait on ne peut pas prédire l'avenir.

Stephany 11 ans Québec

Stephany, 11, Québec

Un jour... la vie sur la terre s'éteindra. Il n'y aura plus d'humains ni
d'animaux. Je ne sais pas s'il y aura une autre sorte de vie ou d'êtres
vivants. Mais que deviendra la terre sans êtres vivants comme les
animaux, les humains et les insectes. La terre fera-t-elle « boum » ?
Qui sait, on ne peut pas prédire l'avenir.

Un jour, je deviendrai professeur d'arts plastiques et dans mes temps libres, écrivaine. J'habiterai dans une grande maison avec mon mari et deux enfants, dans un quartier résidentiel à Québec. J'aurai un Golden. Ce serait mon rêve ! En général, sur la Terre rien n'aurait vraiment changé, excepté qu'à l'école chaque élève aurait son ordinateur et les enfants iraient à l'école que du lundi au mercredi. Cependant ils auraient plus de devoirs. Moi, c'est comme ça que je vois l'avenir !

Catherine 12 ans Québec

Catherine, 12, Québec

Un jour... je deviendrai professeur d'arts plastiques et dans mes temps libres, écrivaine. J'habiterai dans une grande maison avec mon mari et deux enfants, dans un quartier résidentiel à Québec. J'aurai un garçon et une fille et mon mari travaillera comme professeur de musique. J'aurai un Golden. Ce serait mon rêve ! En général, sur la terre rien n'aurait vraiment changé excepté qu'à l'école chaque élève aurait son ordinateur et ils iraient à l'école que du lundi au mercredi. Cependant ils auraient plus de devoirs. Moi, c'est comme ça que je vois l'avenir !

Un jour, je vois la technologie tellement avancée que d'autres planètes seraient accessibles même pour y vivre. Aussi, nous n'aurions plus besoin de pétrole, il y aura des autos qui fonctionneront à l'électricité, à l'énergie solaire, et à batterie, notre couche d'ozone sera moins abîmée. Pour la vie qui presse, quoi de mieux que les pilules complètes, avec les cinq groupes alimentaires au goût de lasagne, ragoût etc. Si tu n'est pas pressé quoi de mieux qu'un bon repas préparé, mais si tu es à court de temps, prends une pilule complète. Moi, je vois l'avenir comme ça.

Jason, 12, granby

Jason, 12, Québec

Un jour, je vois la technologie tellement avancée que d'autres planètes seraient accessibles même pour y vivre. Aussi, nous n'aurions plus besoin de pétrole. Il y aura des autos qui fonctionneront à l'électricité, à l'énergie solaire et à batterie. Notre couche d'ozone sera moins abîmée. Pour la vie qui presse, quoi de mieux que les pilules complètes. Avec les cinq groupes alimentaires au goût de lasagne, ragoût, ect. Si tu n'est pas pressé quoi de mieux qu'un bon repas préparé. Mais si tu es à court de temps, prend une pilule complète. Moi je vois l'avenir comme ça.

Un jour je serai astronaute, j'irai bondir sur la Lune. Dans ma navette spatiale, j'irai faire un tour sur Mars puis glisser sur les anneaux de Saturne. Sur Jupiter j'irai admirer la « Grande Tache Rouge ». Ensuite je passerai sur Mercure, la planète la plus près du Soleil pour m'y faire bronzer. En passant près de Vénus j'irai me reposer et par la suite je retournerai sur Terre. J'irai ensuite raconter à tous mes coéquipiers qui attendront mon retour, le voyage merveilleux que je vais avoir fait. Je m'y vois déjà, Roxane Bélanger l'astronaute.

Roxane, 11 ans, Québec

Roxane, 11, Québec

Un jour... je serai astronaute, j'irai bondir sur la lune. Dans ma navette spatiale, j'irai faire un tour sur Mars puis glisser sur l'anneau de Saturne. Sur Jupiter j'irai admirer la « Grande Tache Rouge ». Ensuite je passerai sur Mercure, la planète la plus près du soleil pour m'y faire bronzer. En passant près de Vénus j'irai me reposer et par la suite je retournerai sur Terre. J'irai ensuite raconter à tous mes coéquipiers qui attendront mon retour, le voyage merveilleux que je vais avoir fait. Je m'y vois déjà, Roxane Bélanger l'astronaute.

Un jour... j'aurai une femme et des enfants. Vous vous demandez sûrement quels seront leurs noms. Ils s'appeleront Justine et Alex. Nous hâbiterons en France et nous aurons un petit hôtel en Floride avec une magnifique vue sur la plage. Je serai conducteur d'automobiles. Je serai au volant d'une Porshe 911 avec turbo. Un de mes amis sera garagiste. Il s'occupera de ma voiture avant et après les courses. J'aurai une maison de trente pièces, près de la tour Eiffel. Je vous remercie d'avoir lu mon histoire et j'espère que tout cela va se réaliser.

Steve, 11, Québec

Un jour... j'aurai une femme et des enfants. Vous vous demandez sûrement quels seront leurs noms. Ils s'appeleront Justine et Alex. Nous hâbiterons en France et nous aurons un petit hôtel en Floride avec une magnifique vue sur la plage. Je serai conducteur d'automobiles. Je serai au volant d'une Porshe 911 avec turbo. Un de mes amis sera garagiste. Il s'occupera de ma voiture avant et après les courses. J'aurai une maison de trente pièces, près de la tour Eiffel. Je vous remercie d'avoir lu mon histoire et j'espère que tout cela va se réaliser.

Un jour un individu décide d'acheter une compagnie abandonnée. Il se disait dans Sa tête qu'il allait créer au moins cent nouveaux emplois. Aussi, il se disait qu'il allait inventer des nouvelles voitures. Deux semaines plus tard il avait trouvé quatre-vingt-dix personnes qui étaient des experts. Pour commencer, ils allaient inventer un camion qui allait voler dans les airs. Pour continuer ils le dessinèrent. Le moteur était un V40 avec quatre réacteurs. Mais pour finir il n'a vendu aucun de ses engins, aussi il s'est ruiné. L'usine est devenue comme au début.

Eric Ilans Québec

Éric, 11, Québec

Un jour... une personne décide d'acheter une compagnie abandonnée. Il se disait dans sa tête qu'il allait créer au moins cent nouveaux emplois. Aussi il se disait qu'il allait inventer des nouvelles voitures. Deux semaines plus tard il avait trouvé quatre-vingt-dix personnes qui étaient des experts. Pour commencer, ils allaient inventer un camion qui allait voler dans les airs. Pour continuer ils le dessinèrent : le moteur est un V40 avec quatre réacteurs. Mais pour finir il a vendu aucun de ses engins, aussi il s'est ruiné. L'usine est devenue comme au début.

Un jour, qui aurait cru voir des jeux sur Mars?
Bonjour, ici Stéphanie Proulx en direct de la
planète Mars où ont lieu les treizièmes jeux
martiens. Nous sommes présentement en l'an
deux mille cent quarante. Le record des sauts
en longueur vient d'être battu par un
astronavigateur qui a fait deux Kilomètres, soit
la longueur de quatre astronefs mis bout-à-bout.
Ensuite, la route interplanétaire Mars-Jupiter sera
fermée pendant deux cycles lunaires. La cause?
un astronef s'est fait pulvériser par une
comète. Voilà, c'est déjà tout pour aujourd'hui.
Dans notre prochain reportage, nous étudierons
la télépathie chez les jeunes comme moyen
d'apprentissage.

Stéphanie 13ans Québec.

Stéphanie, 13, Québec

Un jour... qui aurait cru voir des jeux sur Mars. Bonjour, ici Stéphanie
Proulx en direct de la planète Mars, où ont lieu les treizièmes jeux
martiens. Nous sommes présentement en l'an deux mille cent
quarante. Le record des sauts en longueur vient d'être battu par un
astronavigateur qui a fait deux kilomètres, soit la longeur de quatres
astronefs mis bout-à-bout. Ensuite, la route interplanétaire Mars-
Jupiter sera fermée pendant deux cycles lunaires. La cause ? Un
astronef s'est fait pulvérisé par une comète. Voilà, c'est déjà tout
pour aujourd'hui. Dans notre prochain reportage, nous étudierons
la télépathie chez les enfants comme moyen d'apprentissage.

Un jour, en l'an deux mille vingt les gens étaient devenus gros. Tous avaient un robot qui faisait le ménage et qui leur préparait la nourriture. Or un jour un petit homme maigre en avait assez de voir tous ces gens s'empiffrer constamment. Il décida alors d'aller voir le mage du pays pour lui demander de détruire ces machines infernales. Le mage dit : "d'accord je vais les détruire". Il prononça une formule magique : "Wadigui oui wadigui bou destructice infernuce" Alors, tous les robots explosèrent. Et les gens retrouvèrent leur santé.

Adeline, 9 ans, Québec

Adeline, 9, Québec

Un jour... en l'an deux mille vingt les gens étaient devenus gros.
Tous avaient un robot qui faisait le ménage et qui leur préparait la
nourriture. Or un jour un petit homme maigre en avait assez de voir
tous ces gens s'empiffrer constamment. Il décida alors d'aller voir le
mage du pays pour lui demander de détruire ces machines infernales.
Le mage dit : « Wadigui oui Wadigui bou destructuce infernuce ».
Alors, tous les robots explosèrent. Et les gens retrouvèrent leur santé.

Un jour,
j'aimerais que les hopitaux soient vides ou
presque. Aussi je voudrais que les chercheurs
de remèdes pour les maladies trouvent un
remède pour ôter toutes les maladies. Alors
dans tous les pays, tous les gens et tous les
animaux se feront donner un vaccin et plus
personne n'aura de maladie, même les bébés
naissants tout le monde. Mais naturellement des
gens vont tomber et se faire mal. Naturellement il
faut qu'on meurt de vieillesse comme tout le monde.
Mais mon voeu le plus cher c'est que les hopitaux
soient presque vides et que tout le monde entier soit heureux
!

Jade 10 ans Québec

Jade, 9, Québec

Un jour, j'aimerais que les hôpitaux soient vides ou presque. Aussi je voudrais que les chercheurs de remèdes pour les maladies trouvent un remède pour ôter toutes les maladies. Alors dans tous les pays, tous les gens et tous les animaux se feront donner un vaccin et plus personne n'aura de maladies, même les bébés naissants, tout le monde. Mais naturellement des gens vont tomber et se faire mal. Naturellement il faut qu'on meurt de vieillesse comme tout le monde. Mais mon voeu le plus cher c'est que les hôpitaux soient presque vides et que tout le monde entier soit heureux.

Un jour, je voudrais être pathologiste. Je ne sais vraiment ce qui m'attires dans ce métier mais lorsque mes parents ou mes amis me demandent pourquoi cet emploi, je réponds que son côté mystérieux et morbide m'intrigue. J'ai très hâte de finir mon secondaire et mon cégep pour, enfin, finir dans un laboratoire avec le corps d'une jeune fille atteinte par un virus inconnu. Mes parents et mes amis trouvent que, finalement, j'ai la tête de l'emploi...

Marie-Pier L., 11 ans, Québec

Marie-Pier, 11, Québec

Un jour... je voudrais être pathologiste. Je ne sais vraiment ce qui m'attire dans ce métier mais lorsque mes parents ou mes amis me demandent pourquoi cet emploi, je réponds que son coté mystérieux et morbide m'attire. J'ai très hâte de finir mon secondaire et mon cégep pour, enfin, finir dans un laboratoire avec le corps d'une jeune fille atteinte par un virus inconnu. Mes parents et amis trouvent que finalement, j'ai la tête de l'emploi.

Un jour... je voudrais être inventeur médical. J'aime cette profession parce que je veux trouver un médicament qui peut guérir toutes les formes de cancer et aussi le sida. Mais pour arriver à mon but, il faudra que je sois vraiment très bon en informatique, en mathématique et surtout excessivement bon en médecine. Je vais devoir faire beaucoup d'études à l'université et je suis sûr que ma famille sera heureuse de mon travail

Philippe 10 ans Québec

Philippe, 10, Québec

Un jour, je voudrais être inventeur médical. J'aime cette profession parce que je veux trouver un médicament qui peut guérir toutes les formes de cancer et aussi le sida. Mais pour arriver à mon but il faudra que je sois vraiment très bon en informatique, en mathématiques et surtout excessivement bon en médecine. Je vais devoir faire beaucoup d'étude à l'université et je suis sûr que ma famille sera heureuse de mon travail.

Un jour je voudrais êtres avocate parce-que j'ai toujours de bons argument pour régler des chicanes. J'aime aider les gens et j'aime chercher des preuves. La me me gêne pas de parler en public et j'aime sentir la tension dans un jury. je suis prête a travailler fort et a me défoncer jusqu'a le que j'y arrive. Et je serai l'avocate la plus connue dans le monde entier. Je n'aurai jamais perdu une seul cause. Je vais réussir dans la vie.

Camille 10 ans Québec.

Camille, 10, Québec

Un jour, je voudrais être avocate parce que j'ai toujours de bons arguments pour régler des chicanes. J'aime aider les gens et j'aime chercher des preuves. Ça ne me gêne pas de parler en public et j'aime sentir la tension dans un jury. Je suis prête à travailler fort et me défoncer jusqu'à ce que j'y arrive. Et je serai l'avocate la plus connue dans le monde entier. Je n'aurai jamais perdu une seule cause. Je vais réussir dans la vie.

*Un jour, je voudrais être médecin parce que
la médecine va toujours exister. À tous les
jours, une personne peut se blesser, ou bien une
femme va accoucher. Je veux être médecin parce que
j'aime aider les gens, C'est bon dans la vie d'aider
les gens. J'aimerais aussi découvrir le corps
humain. Je voudrais opérer une personne pour avoir
plus de renseignements au sujet du corps humain. J'ai
aussi une autre raison pour devenir médecin. Toute ma famille
me dit : "Quand tu seras grande, pourrais-tu devenir médecin? Ça pourrait te servir dans la vie. Et cela m'a
attirée.*

*Ouarda, Québec
11 ans*

Ouarda, 10, Québec

Un jour... je voudrais être médecin parce que la médecine va toujours
exister. À tous les jours, une personne peut se blesser, ou bien une
femme va accoucher. Je veux être médecin parce que j'aime aider les
gens. C'est bon dans la vie d'aider les gens. J'aimerais aussi découvrir
le corps humain. Je voudrais opérer une personne pour avoir plus de
renseignements au sujet du corps humain. J'ai aussi une autre raison
pour devenir médecin. Toute ma famille me dit : « Quand tu seras
grande, pourrais-tu devenir médecin ? » Ça pourrait te servir dans la
vie et cela m'a attirée.

Un jour je voudrais être géologue. Je suis bon pour collectionner les roches. Dans ma collection il y a au moins cent roches. Pour que je devienne géologue il faudra que j'étudie en géologie à l'université. Si je vois un vrai géologue je vais lui poser quelques questions sur son métier. Je voudrais être géologue parce que je trouve que les roches sont très belles à regarder. Ma mère travaille à l'université McGill. Elle enseigne en minéralogie. Elle est un modèle pour moi.

Benoît, 10 ans, Québec

Benoit, 10, Québec

Un jour... je voudrais être géologue. Je suis bon pour collectionner les roches. Dans ma collection, il y a au moins cent roches. Pour que je devienne géologue, il faudra que j'étudie en géologie à l'université. Si je vois un vrai géologue, je vais lui poser quelques questions sur son métier. Je voudrais être géologue parce que je trouve que les roches sont très belles à regarder. Ma mère travaille à l'université McGill. Elle enseigne en minéralogie. Elle est un modèle pour moi.

Un jour, les gentilles personnes comme moi Auront cinq jours de congé et deux jours d'école par semaine. Dans les écoles du futur, les professeurs nous donneront des crayons qui écriront tout seul. Les scientifiques inventeront des machines à voyager dans le temps, à arrêter et à avancer le temps. Avec ces machines, les élèves pourront décider d'arrêter un professeur qui parle trop vite et d'avancer les cours plus ennuyants... C'est ainsi que mon histoire sur le futur se termine. A vous d'imaginer la suite
Jonathan 9ans Québec

Jonathan, 9, Québec

Un jour... les gentilles personnes comme moi auront cinq jours de congé et deux jours d'école par semaine. Dans les écoles du futur, les professeurs nous donneront des crayons qui écriront tout seul. Les scientifiques inventeront des machines à voyager dans le temps, à arrêter et à avancer le temps. Avec ces machines, les élèves pourront décider d'arrêter un professeur qui parle trop vite et d'avancer les cours plus ennuyants… C'est ainsi que mon histoire sur le futur se termine. À vous d'imaginer la suite.

Un jour les livres seront électroniques. Lorsque l'on ouvrira un livre, il y aura une petite télévision et un visage dedans. Ce serait le visage qui lirait le livre. Il faudrait lui dire quand commencer et quand arrêter. Nous ne saurions pas obligé de mettre le signet à l'intérieur parce que le bonhomme sortirait sa grande langue. Ça remplacerait le signet. Dans les dictionnaires, il y aurait beaucoup de télévisions de la grandeur du dictionnaire. Les mots bougeraient, il faudrait dire le mot que l'on cherche et il nous dirait comment il s'écrit, et s'il n'est pas là, il nous dirait de chercher dans un autre dictionnaire. J'aimerais que tout cela se passe ainsi. Cela serait bien amusant. Laurie, 9 ans, Québec.

Laurie, 9, Québec

Un jour... les livres seront électroniques. Lorsque l'on ouvrira un livre il y aura une petite télévision et un visage dedans. Ce serait le visage qui lirait le livre. Il faudrait lui dire quand commencer et quand arrêter. Nous ne saurions pas obligé de mettre le signet à l'intérieur parce que le bonhomme sortirait sa grande langue. Ça remplacerait le signet. Dans les dictionnaires, il y aurait beaucoup de télévisions de la grandeur du dictionnaire. Les mots bougeraient, il faudrait dire le mot que l'on cherche et il nous dirait comment il s'écrit, et s'il n'est pas là, il nous dirait de chercher dans un autre dictionnaire. J'aimerais que tout cela se passe ainsi. Cela serait bien amusant.

Un jour... en l'an trois mille, les gens vivront dans l'espace, ils vivront grâce à un appareil. Les bâtisses voleront et les voitures rouleront à deux cent cinquante kilomètres à l'heure. Les voitures ressembleront à des têtes de dragons, elles fonctionneront à l'eau. Les toilettes seront de gros beignes. Les animaux et les humains n'auront plus besoin de manger ni de dormir. Les vêtements seront très chauds, ils seront faits en vingt épaisseurs de peaux d'animaux. À l'école, les enfants feront ce qu'ils veulent. Les maisons seront de grosses bulles d'air.

Jean-François, 11 ans, Québec

Jean-François, 11, Québec

Un jour... en l'an trois mille, les gens vivront dans l'espace, ils vivront grâce à un appareil. Les bâtisses voleront et les voitures rouleront à deux cent cinquante kilomètres à l'heure. Les voitures ressembleront à des têtes de dragons, elles fonctionneront à l'eau. Les toilettes seront de gros beignes. Les animaux et les humains n'auront plus besoin de manger ni de dormir. Les vêtements seront très chauds, ils seront faits en vingt épaisseurs de peaux d'animaux. À l'école, les enfants feront ce qu'ils veulent. Les maisons seront de grosses bulles d'air.

Un jour, nous trouverons la façon de Préserver
la nature et la forêt qui occuperont le tiers de la
terre. Les habitants seront tous unis. Il n'y aura que
dix millions de personnes sur notre planète, les
autres étant tous sur mars. Les sientifiques de mars
réussiront à faire ressuciter les dinosaures sur leur
Planète. Ils feront seulement ressuciter les Herbivores, les
carnivores étant trop dangereux. Ils auront réussis à
Purifier l'eau et l'air. Toutes les espèces d'animaux disparues
à ce jour seront revenues à la vie.

Carol-Anne 11ans Québec

Carol-Anne, 11, Québec

Un jour... nous trouverons la façon de préserver la nature et la forêt
qui occupent le tiers de la terre. Les habitants seront tous unis. Il n'y
aura que dix millions de personnes sur notre planète, les autres étant
tous sur Mars. Les scientifiques de mars réussiront à faire ressusciter
les dinausaures sur leur planète. Ils feront seulement ressusciter les
herbivores, les carnivores étant trop dangereux. Ils auront réussis à
purifier l'eau et l'air. Toutes les espèces d'animaux disparues à ce jour
seront revenues à la vie.

Un jour, on fera le tour du monde en un jour, on ira jusqu'à la fin de l'Univers, on aura créé des végétaux qui poussent tout seuls, des ordinateurs intelligents, des crayons qui écriront sans bouger; des centrales nucléaires sans pollution, des androïdes, des téléhollogrammes, des clones humains, des manteaux qui seront toujours chauds; des livres qui se copient dans le cerveau, des vaccins anti-tout mais on aura pas encore solutionné la pauvreté

Jacques Lee, 11 ans, Québec

Jacques Lee, 11, Québec

Un jour... on fera le tour du monde en un jour... on ira jusqu'à la fin de l'univers. On aura créé des végétaux qui poussent tout seuls, des ordinateurs intelligents, des crayons qui écriront sans bouger, des centrales nucléaires sans pollution, des endroits, des téléhologrammes, des clônes humains, des manteaux qui seront toujours chauds, des livres qui se copient dans le cerveau, des vaccins antitoux mais on n'aura pas encore solutionné la pauvreté.

Un jour, en l'an 2968, les humains auront la peau verte, le nez rouge, la bouche jaune et les cheveux mauves. Soudain, une grosse bande de martiens atterriront sur le sol qui causa un terrible tremblement de terre partout sur la planète bleue. La moitié est morte par l'accident naturel et l'autre moitié par les rayons-lasers des affreux martiens. Il resta seulement un pays en vie. Le Canada ! Alors les martiens, qui, eux, voulaient conquérir tout le monde, tandis que le Canada, a un plan. Il va construire une grande muraille qui sera appelée la muraille de la Sécurité.

Marie-Armande, 9 ans, Québec

Marie-Armande, 9, Québec

Un jour... en l'an 2968, les humains auront la peau verte, le nez rouge, la bouche jaune et les cheveux mauves. Soudain, une grosse bande de martiens atterriront sur le sol qui causa un terrible tremblement de terre partout sur la planète bleue. La moitié sont morts par l'accident naturel et l'autre moitié par les rayons laser des affreux martiens. Il resta seulement un seul pays en vie… Le Canada. Alors les martiens qui, eux, voulaient conquérir tout le monde, tandis que le Canada, ont un plan. Ils vont construire une grande muraille qu'ils appeleront la muraille de la sécurité.

55

Un jour

j'aimerais être savant pour tout connaître et pouvoir tout expliquer. Je souhaite inventer plein de choses. Dans l'avenir, j'aimerais trouver la potion magique pour faire des pilules de bonheur pour que tout le monde soit heureux. Les enfants sont l'avenir alors il faut les écouter. J'aimerais inventer une graine qui fait pousser de l'argent pour que tous les enfants aient les jouets de leurs rêves. J'aime beaucoup les fêtes et je veux que dans l'avenir il y ait des fêtes tout le temps avec des ballons, des cadeaux, de la musique et des gâteaux pour tous. L'avenir sera très beau !

Écrit par Julie pour

Guillaume, 5 ans, Québec

Guillaume, 5, Québec

Un jour... j'aimerais être savant pour tout connaître et pouvoir tout expliquer. Je souhaite inventer plein de choses. Dans l'avenir, j'aimerais trouver la potion magique pour faire des pilules de bonheur pour que tout le monde soit heureux. Les enfants sont l'avenir alors il faut les écouter. J'aimerais inventer une graine qui fait pousser de l'argent pour que tous les enfants aient les jouets de leurs rêves. J'aime beaucoup les fêtes et je veux que dans l'avenir il y ait des fêtes tout le temps avec des ballons, des cadeaux, de la musique et des gâteaux pour tous. L'avenir sera très beau !

Un jour, quand je serai plus grande, je serai infirmière. J'aurai un mari, deux ou trois enfants. J'habiterai dans une grosse maison et je ferais plein de voyages. Mon mari sera joeur de hockey. En voyage, j'irai en Floride, ou mexique et j'irai voir mon grand oncle en République. J'aimerais avoir au moins un garçon et une fille. J'aurai un chat et je l'appellerai Pistache. Mes deux soeurs seront chacune marraine de mes enfants. Si un jour mes parents tombent malades, je vais les soigner comme ils faisaient avec moi. Je vais toujours aimer ma famille.

Sarah, 12 ans, Québec

Sarah, 12, Québec

Un jour... quand je serai plus grande, je serai infirmière. J'aurai un mari, deux ou trois enfants. J'habiterai dans une grosse maison et je ferais plein de voyages. Mon mari sera joueur de hockey. En voyage, j'irai en Floride, au Mexique et j'irai voir mon grand oncle en République. J'aimerais avoir au moins un garçon et une fille. J'aurai un chat et je l'appellerai Pistache. Mes deux soeurs seront chacune marraine de mes enfants et un jour mes parents tombent malades. Je vais les soigner comme ils faisaient avec moi. Je vais toujours aimer ma famille.

Un jour, après avoir terminé mes études avec succès, j'aimerais bien devenir professeur d'arts plastiques ou bien avoir une animalerie à moi. J'adore les animaux de toutes sortes. Ils sont très attachants. J'aimerais aussi avoir un petit domaine sur le bord de l'eau où je pourrais garder quelques espèces rares. Mais avant tout, ce qui me plairait le plus, ce serait de vivre dans un monde en paix sans violence. Un monde où il n'y aurait plus de guerres, pauvreté ni maladies. Tout le monde serait alors heureux. Voilà, je crois bien que c'est ce que j'aimerais pour l'avenir.

Martin 13 ans Québec

Martin, 13, Québec

Un jour... après avoir terminé mes études avec succès, j'aimerais bien devenir professeur d'arts plastiques ou bien avoir une animalerie à moi. J'adore les animaux de toutes sortes. Ils sont très attachants. J'aimerais aussi avoir un petit domaine sur le bord de l'eau où je pourrais garder quelques espèces rares. Mais avant tout, ce qui me plairait le plus, ce serait de vivre dans un monde en paix sans violence. Un monde où il n'y aurait plus de guerre, pauvreté ni maladies. Tout le monde serait alors heureux. Voilà, je crois bien que c'est ce que j'aimerais pour l'avenir.

Un jour... En l'an deux mille cinq cent, les autos auront des ailes et elles seront propulsées par des moteurs alimentés au bouillon de poulet. Ces engins seront dirigés par un volant, cent pour cent, crête de coq. Quand cette voiture roulera à toute vitesse, des oeufs seront expulsés par le tuyau d'échappement. La carosserie ressemblera à un poulet. Le capot sera muni de deux lumières en forme de narines et à l'arrière, deux pattes aideront à l'atterrissage. Cette automobile sera disponible dans tous les bons magasins, dès janvier deux mille cinq cent.

Marc-Antoine, 11 ans, Québec

Marc-Antoine, 11, Québec

Un jour... en l'an deux mille cinq cent, les autos auront des ailes et elles seront propulsées par des moteurs alimentés au bouillon de poulet. Ces engins seront dirigés par un volant cent pour cent, crête de coq. Quand cette voiture roulera à toute vitesse, des oeufs seront expulsés par le tuyau d'échappement. La carosserie ressemblera à un poulet. Le capot sera muni de deux lumières en forme de narines et à l'arrière, deux pattes aideront à l'atterrissage. Cette automobile sera disponible dans tous les bons magasins dès janvier deux mille cinq cent.

Julien, 10, Québec

Un jour... en deux mille, dans une maison d'apparence lugubre, un jeune homme dénommé Olivier était assis dans son salon. Il sentait ses paupières devenir lourdes comme du plomb quand soudain... un engin majestueux surgit devant lui. JE SUIS RXD2 et VOUS ? Euh... Je suis Olivier. En quelle année sommes-nous ? Voyons, nous sommes au trentième siècle ! Y a-t-il une ville près d'ici ? Oui, à trois kilomètres d'ici. Attendez Olivier ! Nous allons nous téléporter. Olivier se retrouve à un endroit rempli d'humains étrangement habillés. RXD2, puis-je rentrer chez moi ? Bien sûr. Olivier se retrouva dans son salon. Était-ce un rêve ?

Un jour...Des hommes et des femmes inventeront une machine pour remonter dans le temps. Cette machine pourra servir soit à voir le futur, à revoir le passé et même à avancer l'heure sans que les gens autour ne s'en aperçoivent.Une semaine après l'invention tous les gens de la ville en auront une dans leur maison et dans les usines spétialisées.Il y aura cette machine dans les écoles, les restaurants, les églises et les magasins. Partout où nous irons, les télévisions et les ordinateurs seront remplacés par ces nouvelles et merveilleuses machines.Les ingénieurs vont sûrement se faire beaucoup d'argent.

Marilène 11 ans Québec

Marilène, 11, Québec

Un jour... des hommes et des femmes inventeront une machine pour remonter dans le temps. Cetter machine pourra servir soit à voir le futur, à revoir le passé et même à avancer l'heure sans que les gens autour ne s'en aperçoivent. Une semaine après l'invention, tous les gens de la ville en auront une dans leur maison et dans les usines spécialisées. Il y aura cette machine dans les écoles, les restaurants, les églises et les magasins. Partout où nous irons, les télévisions et les ordinateurs seront remplacés par ces nouvelles et merveilleuses machines. Les ingénieurs vont sûrement se faire beaucoup d'argent.

Un jour, la technologie sera très efficace. Tous les véhicules pourront voler et les humains obtiendront des bottes à réaction. Ce qui leur permettra de se déplacer partout à travers le monde. Dans l'avenir Tout sera complètement dingue, au lieu de gagner un voyage dans le sud, nous gagnerons un voyage sur la lune. Les humains se simplifieront la Tâche, ils construiront des robots pour faire Tout à leur place. Fini les corvées, le nettoyage, la construction etc... Et, malgré l'explosion de la couche d'ozone, les humains s'adapteront à leur environnement. Heureusement car c'est ce qui ne détruirera jamais la race humaine.

Charles, 11 ans, Québec.

Charles, 11, Québec

Un jour... la technologie sera très efficace. Tous les véhicules pourront voler et les humains obtiendront des bottes à réaction. Ce qui leur permettra de se déplacer partout à travers le monde. Dans l'avenir tout sera complètement dingue, au lieu de gagner un voyage dans le sud, nous gagnerons un voyage sur la lune. Les humains se simplifieront la tâche, ils construiront des robots pour faire tout à leur place. Fini les corvées, le nettoyage, la construction, etc… Et, malgré l'explosion de la couche d'ozone, les humains s'adapteront à leur environnement. Heureusement car c'est ce qui ne détruira jamais la race humaine.

Un jour... L'homme sera complètement autonome. L'informatique qui évolue si rapidement aura vite fait de remplacer les écoles, les bibliothèques et beaucoup plus encore. Imaginer, faire l'école directement de ta chambre sur ton ordinateur. Ou encore, un petit robot au service de chaque humain, toujours prêt à faire le ménage de ta chambre, ou préparer ton repas favoris. Tu veux commander quelque chose? Rien de plus facile! Le restaurateur appuie sur un bouton du clavier et le livreur est téléporté directement chez toi avec la commande désiré. Pour finir la journée, sélectionnez votre rêve où vous serez toujours certain d'être le héros.

Tommy, 11, Québec

Tommy, 11, Québec

Un jour... l'homme sera complètement autonome. L'informatique qui évolue si rapidement aura vite fait de remplacer les écoles, les bibliothèques et beaucoup plus encore. Imaginez faire l'école directement de ta chambre sur ton ordinateur. Ou encore, un petit robot au service de chaque humain. Toujours prêt à faire le ménage de ta chambre, ou préparer ton repas favori. Tu veux commander quelque chose ? Rien de plus facile ! Le restaurateur appuie sur un bouton du clavier et le livreur est téléporté directement chez toi avec la commande désirée. Pour finir la journée, sélectionnez votre rêve où vous serez toujours certain d'être le héros.

Un jour, toute la planète sera robotisée. Nous
serons tous contrôlés par l'informatique. Les
maisons du futur seront entièrement construites
à partir de matériaux recyclés. Peut-être pourrons nous voyager fréquemant dans l'espace avec
des vaisseaux spatiaux super sophistiqués. Pour
aller à l'école, nous nous promenerions en bicyclette
turbo sonique. Peut-être pourrons nous créer des
amis robots selon nos goûts, ou bien on pourra
cloner nos animaux favoris. Tout ça, on dit que
c'est l'avenir.

Samuel   11ans Québec

Samuel, 11, Québec

Un jour... toute la planète sera robotisée. Nous serons tous contrôlés
par l'informatique. Les maisons du futur seront entièrement
construites à partir de matériaux recyclés. Peut-être, pourrons-nous
voyager fréquemment dans l'espace avec des vaisseaux spatiaux
super sophistiqués. Pour aller à l'école, nous nous promenerions
en bicyclette turbo sonique. Peut-être pourrons-nous créer des amis
robots selon nos goûts ou bien on pourra clôner nos animaux favoris.
Tout ça, on dit que c'est l'avenir.

Un jour...
Nous vivrons tous sur la lune. Nous porterons des costumes argentés. Nous vivrons dans des maisons souterraines. Il va y avoir des casques que l'on va mettre en dormant et cela va nous apprendre ce que l'on étudie normalement à l'école. La technologie sera tellement avancée que les hommes pourront voler! Plus besoin de marcher et d'avoir mal aux pieds! Par dessus tout, il va y avoir des robots qui feront le ménage. Avec eux, plus besoin de s'efforcer à faire les travaux ménagers.

Caroline 11 ans Québec

Caroline, 11, Québec

Un jour... nous vivrons tous sur la lune. Nous porterons des costumes argentés. Nous vivrons dans des maisons souterraines. Il va y avoir des casques que l'on va mettre en dormant et cela va nous apprendre ce que l'on étudie normalement à l'école. La technologie sera tellement avancée que les hommes pourront voler ! Plus besoin de marcher et d'avoir mal aux pieds ! Par-dessus tout, il va y avoir des robots qui feront le ménage. Avec eux, plus besoin de s'efforcer à faire les travaux ménagers.

*Un jour... La technologie va augmenter.
Il y aura de nouvelles inventions et découvertes.
Il y aura peut-être des robots qui feront le ménage.
Je crois que dans l'avenir il sera défendu de
fumer pour le bien des humains et de la Terre.
Il va y avoir moins de pollution avec la récupération.
Avec le temps, ils vont sûrement avoir Trouver, une
façon de remplacer l'essence par un dérivé du maïs.
Je vois et souhaite la paix dans le monde.
Je crois que les gens vont essayer de se parler au
lieu de se battre. Peut-être les ordinateurs vont
remplacer les professeurs?*

Julie-Anne 11 ans   Québec

Julie-Anne, 11, Québec

Un jour... la technologie va augmenter. Il y aura de nouvelles
inventions et découvertes. Il y aura peut-être des robots qui feront
le ménage. Je crois que dans l'avenir il sera défendu de fumer pour
le bien des humains et de la Terre. Il va y avoir moins de pollution
avec la récupération. Avec le temps, ils vont sûrement avoir trouvé
une façon de remplacer l'essence par un dérivé du maïs. Je vois et
souhaite la paix dans le monde. Je crois que les gens vont essayer
de se parler au lieu de se battre. Peut-être les ordinateurs vont
remplacer les professeurs ?

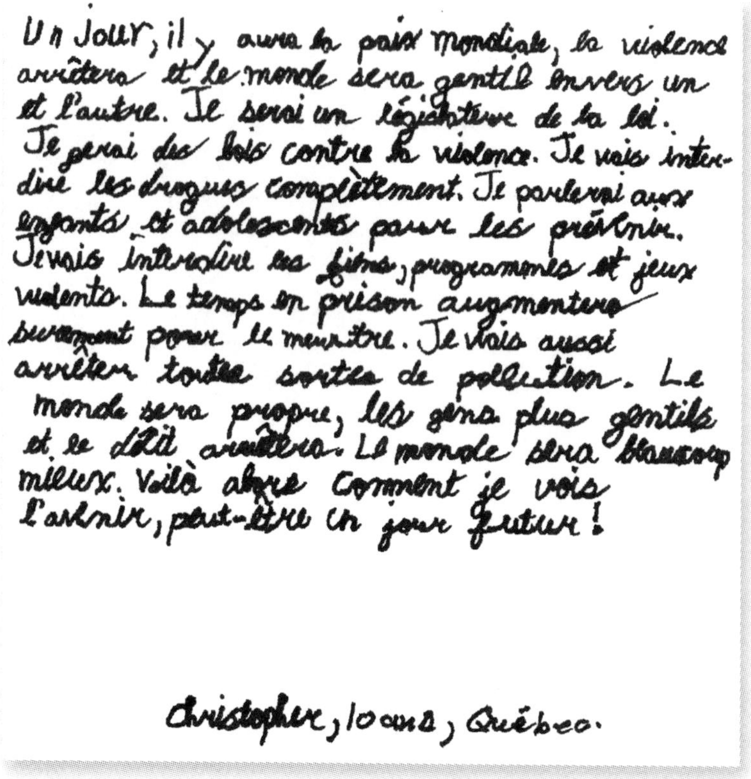

[Handwritten text reproduced below in print]

Christopher, 10, Québec

Un jour... il y aura la paix mondiale, la violence arrêtera et le monde sera gentil envers un et l'autre. Je serai un législateur de la loi. Je ferai des lois contre la violence. Je vais interdire les drogues complètement. Je parlerai aux enfants et adolescents pour les prévenir. Je vais interdire les films, programmes et jeux violents. Le temps en prison augmentera sûrement pour le meurtre. Je vais aussi arrêter toutes sortes de pollution. Le monde sera propre, les gens plus gentils et le délit arrêtera ! Le monde sera beaucoup mieux. Voilà alors comment je vois l'avenir, peut-être un jour futur !

Un jour une société nouvelle habitera la Terre. Cette société d'hommes justes apprendra à favoriser l'amour du prochain, la paix et l'unité. Finis les haines et les préjugés ! Au Rwanda des Hutus et des Tutsis vivront ensemble, sans même chercher à savoir qui était Hutus et qui était Tutsis. Les hommes n'apprendront plus la guerre. Chaque homme deviendra l'ami de son prochain. Alors, année après année, hommes, femmes et enfants connaîtront la joie de vivre. Oui ! Un jour les humbles de cœur posséderont la Terre, et ils y habiteront à jamais.

Pierre-Luc, 12, Québec

Pierre-Luc, 12, Québec

Un jour... une société nouvelle habitera la Terre. Cette société d'hommes justes apprendra à favoriser l'amour du prochain, la paix et l'unité. Finis les haines et les préjugés ! Au Rwanda des Hutus et des Tutsis vivront ensemble, sans même chercher à savoir qui était Hutus et qui était Tutsis. Les hommes n'apprendront plus la guerre. Chaque homme deviendra l'ami de son prochain. Alors, année après année, hommes, femmes et enfants connaîtront la joie de vivre. Oui ! Un jour les humbles de cœur posséderont la Terre, et ils y habiteront à jamais.

Marylise, 13, Québec

Un jour... le petit Marco, attentif aux paroles de son prof d'histoire, n'en revenait pas que les gens d'autrefois voyageaient par automobiles, un espèce d'engin roulant. Lui, il ne s'était jamais déplacé autrement que sur son miniplane, un objet servant à se promener dans la ville, muni de multiples ordinateurs et d'une manette pour diriger l'engin. Marco avait hâte d'avoir dix-huit ans afin de changer son miniplane pour une sorte de vaisseau qui a la vitesse de l'éclair. Enfin, Marco aurait bien apprécié pouvoir vivre à l'époque des objets roulants...

Un jour, la terre brillera d'un éclat nouveau, illuminé par le sourire des enfants. Bercé par la voix et pourtant si présente de l'harmonie.

Une douce brise chantera, remportant sur son chemin la misère et la haine qui soufflent sur notre réalité.

La pauvreté n'existera plus et les regards qui jadis étaient vides d'espoir et de joie, seront un jour inondés de vie et de chaleur. Une chaleur intense, pure, venant droit du cœur. Ou plutôt, du soleil brillant en lui.

Un jour, l'espoir renaîtra. L'espoir de voir Blancs et Noirs main dans la main, en harmonie, en paix. Un jour...

Takwa, 13, Québec

Takwa, 12, Québec

Un jour... la terre brillera d'un éclat nouveau, illuminé par le sourire des enfants. Bercé par la voix irréelle et pourtant si présente de l'harmonie. Une douce brise chantera, emportant dans son chemin la misère et la haine qui soufflent sur notre réalité. La pauvreté n'existera plus et les regards qui jadis étaient vides d'espoir et de joie, seront un jour inondés de vie et de chaleur. Une chaleur intense, pure venant droit du cœur. Ou plutôt, du soleil brillant en lui. Un jour l'espoir renaîtra, l'espoir de voir Blancs et Noirs main dans la main, en harmonie en paix. Un jour …

Un jour les mères ne vont plus travaillés, elles auront des robots. Les robots feront la cuisine. Ils vont netoyer tous les chambres de la maison. Ils vont aller au travail pour les mères. Pendant que les mères seront en train de relaxer, les enfants vont à l'école à 8h45 jusqu'à 2h00. Les mères seront toutes à la maison. Les pères seront au travail. Quand les enfants reviendront à la maison, ils n'auront pas de devoirs. Ils feront des dégâs tout partout. Les robots devront ramasser après les enfants. Quand le père rentrera à la maison, tout est calme. Bonjour les enfants.

écrit par Isabelle pour...

Ana-Kaye, 11ans, Québec

Ana-Kaye, 11, Québec

Un jour... les mères ne vont plus travailler elles auront des robots. Les robots feront la cuisine. Ils vont nettoyer tous les chambres de la maison. Ils vont aller au travail pour les mères. Pendant que les mères seront en train de relaxer. Les enfants vont à l'école à 8 h 45 jusqu'à 2 h 00 les mères seront toutes à la maison. Les pères seront au travail. Quand les enfants reviendront à la maison  ils n'auront pas de devoirs. Ils feront des dégâts partour. Les robots devront ramasser après les enfants. Quand le père rentrera à la maison tout est calme. Bonjour les enfants.

Un jour, j'espère, comme sûrement plusieurs autres enfants, que les scientifiques inventeront un médicament contre les allergies aux poils et aux plumes pour que les enfants qui ont des allergies puissent un jour en avoir un. Le pire c'est quand tous tes amis et voisins en ont. Parce que en plus j'adorerais devenir vétérinaire ou pouvoir obtenir des animaux plus tard. Lorsque j'étais plus jeune j'avais mes peluches sauf maintenant je me contente d'en profiter lorsque je vais chez un ami. Alors j'espère très fortement que les scientifiques inventeront quelque chose contre ses malheureuses allergies.

Louis   11 ans   Québec

Louis, 11, Québec

Un jour... j'espère, comme sûrement plusieurs autres enfants, que les scientifiques inventeront un médicament contre les allergies aux poils et aux plumes pour que les enfants qui ont des allergies puissent un jour en avoir un. Le pire c'est quand tous tes amis et voisins en ont. Parce que en plus j'adorerais devenir vétérinaire ou pouvoir obtenir des animaux plus tard lorsque j'étais plus jeune j'avais mes peluches sauf maintenant je me contente à en profiter lorsque je vais chez un ami. Alors j'espère très fortement que les scientifiques inventeront quelque chose contre ces malheureuses allergies.

Un jour dans le futur, la Terre sera beaucoup plus évoluée. Nous pourrons voyager à travers l'espace en quelques instants et les galaxies n'auront plus aucun secret pour l'humanité. Il n'existera plus de maladies incurables et, en plus, nous pourrons contrôler la température. La technologie sera très avancée de sorte que chacun d'entre nous possédra son propre androïde qui effectuera les tâches ménagères indésirables à notre place pour ainsi nous laisser plus de temps à consacrer au plaisir et à la détente. Des appareils seront mis sur pied pour nous faire apprendre durant notre sommeil. Voilà comment je vois notre merveilleux avenir.

Ariane, 12 ans, Québec

Ariane, 12, Québec

Un jour... dans le futur, la Terre sera beaucoup plus évoluée. Nous pourrons voyager à travers l'espace en quelques instants et les galaxies n'auront plus aucun secret pour l'humanité. Il n'existera plus de maladies incurables et, en plus, nous pourrons contrôler la température. La technologie sera très avancée de sorte que chacun d'entre nous possédera son propre androïde qui effectuera les tâches ménagères indésirables à notre place. Pour ainsi nous laisser plus de temps à consacrer au plaisir et à la détente. Des appareils seront mis sur pied pour nous faire apprendre durant notre sommeil. Voilà comment je vois notre merveilleux avenir.

Un jour, pas demain, mais dans
beaucoup beaucoup de jours,
il y aura des crayons magiques
qui écrivent à notre place, des
animaux qui parlent et qui nous
consolent, des bonbons qui nous
guérissent de tout, des ailes
qui nous font voler, des super
héros qui nous sauvent la vie,
du soleil partout, des piscines
dans toutes les écoles pour se
baigner souvent souvent, un coin
dans la cour avec de la neige
toute l'année pour faire des
bonhommes, surtout il n'y aurait
plus de vilains fantômes pour nous
faire peur la nuit quand on
veut dormir.

Les amis de la classe de Sylvie
(6-7 ans)

Les élèves de Sylvie, 6-7 ans, Québec

Un jour... pas demain mais dans beaucoup beaucoup de jours, il y aura
des crayons magiques qui écrivent à notre place, des animaux qui
parlent et qui nous consolent, des bonbons qui nous guérissent de tout,
des ailes qui nous font voler, des super héros qui nous sauvent la vie,
du soleil partout, des piscines dans toutes les écoles pour se baigner
souvent souvent, un coin dans la cour avec de la neige à l'année pour
faire des bonhommes, surtout il n'y aurait plus de vilains fantômes
pour nous faire peur la nuit quand on veut dormir.

Un jour j'espère qu'il y aura des ordinateurs avec des vitesses incroyablement haute et avec beaucoup plus de mémoire que les ordinateurs ordinaire d'aujourd'hui. J'aimerais aussi que des robots capable de faire tous ce qu'un humain est capable de faire existe. Je voudrais que les téléphones soient avec des caméras qui sont capable de montrer ce que l'autre personne fait. Je crois bien que Bureau En Gros deviendras un jour plus grand avec beaucoup plus de choses qui coûteront moin cher avec beaucoup plus de rabais que d'habitude sur les choses électrica et meubles.

J. Jeyatharson, 10 ans, Québec

J. Jeyatharson, 10, Québec

Un jour... j'espère qu'il y aura des ordinateurs avec des vitesses incroyablement hautes et avec beaucoup plus de mémoire que les ordinateurs ordinaires d'aujourd'hui. J'aimerais aussi que des robots capables de faire tout ce qu'un humain est capable de faire existe. Je voudrais que les téléphones soientt avec des caméras qui sont capables de montrer ce que l'autre personne fait. Je crois bien que Bureau En Gros deviendra un jour plus grand avec beaucoup plus de choses qui coûteront moins chères avec beaucoup plus de rabais que d'habitude sur les choses électroniques et meubles.

Un jour dans l'année deux milles, trois cent les Canadiens vont fabriquer la cellutrice. Une cellutrice sera une cellulaire qui fera tout. Tu pourras faire le souper, changer station sur la télévision, faire la vaiselle et tu pourras même parler avec tes amis tout en la même temps. Les seules choses que tu as besoin de faire sera pousser un bouton sur votre cellutrice. Le seule problème sera que les enfants pourraient pas l'utiliser pour faire des devoirs. Tu pourras aussi faire toute tes taxes et acheter des choses avec ta nouvelle cellutrice. J'espère que tu aimeras ta cellutrice.

Erica, 11 ans, Quebec

Erica, 11, Québec

Un jour... dans l'année deux mille, trois cent les Canadiens vont fabriquer la cellutrice. Une cellutrice sera une cellulaire qui fera tout. Tu pourras faire le souper, changer de station sur la télévision, faire la vaisselle et tu pourras même parler avec tes amis tout en même temps. Les seules choses que tu as besoin de faire sera pousser un bouton sur votre cellutrice. Le seul problème sera que les enfants pourraient pas l'utiliser pour faire des devoirs. Tu pourras aussi faire toute tes taxes et acheter des choses avec ta nouvelle cellutrice. J'espère que tu aimeras ta cellutrice.

Un jour je serai une vedette de hockey. Je vais battre tous les records de Mario Lemieux. Ma carte va valoir cent cinquante dollars. Je vais jouer avec les diables du New Jersey. Mon numéro serai dix-neuf En l'an 2020 je serai échangé aux Avalanges du colorado. Dans les Avalanges je vais jouer avec mon ami Aaron. Dix ans après, je vais prendre ma retraite. Après ma retraite je vais acheter une limousine blanche. J'aurai pas d'enfant. Maintenant, j'ai 60 ans. C'est le temps de me reposer. Je me pratique encore. Je joue un peu de baseball et un peu de basketball. La Fin. Merci

Gabriel 8 ans Québec

Gabriel, 8, Québec

Un jour... je serai une vedette de hockey. Je vais battre tous les records de Mario Lemieux. Ma carte va valoir cent cinquante dollars. Je vais jouer avec les diables du New-Jersey. Mon numéro serai dix-neuf. En l'an 2020, je serai échangé aux Avalanches du Colorado. Dans les Avalanches je vais jouer avec mon ami Aaron. Dix ans après ça, je vais prendre ma retraite. Après ma retraite je vais acheter une limousine blanche. J'aurai pas d'enfants. Maintenant, j'ai 60 ans. C'est le temps de me reposer. Je me pratique encore. Je joue un peu de baseball et un peu de basketball. La fin. Merci.

Un jour , en marchant dans la ville , j'ai regardé autour de moi et j'ai vu des rues et des ruelles remplies de déchets. J'ai marché un peu plus loin et j'ai vu une usine avec des cheminées qui laissaient échapper de gros nuages noirs. Juste à côté, il y avait un champ de blé. Le blé était penché comme s'il allait mourir. J'ai imaginé l'avenir pour une seconde... C'était beau ! Des rivières limpides et de l'air pur. Il n'y avait pas de pollution ! Si on travaille fort tous ensemble, on pourrait réaliser ce rêve : celui d'une planète en santé !

Laura 12 Ontario

Laura, 12, Ontario

Un jour... en marchant dans la ville, j'ai regardé autour de moi et j'ai vu des rues et des ruelles remplies de déchets. J'ai marché un peu plus loin et j'ai vu une usine avec des cheminées qui laissaient échapper de gros nuages noirs. Juste à côté, il y avait un champ de blé. Le blé était penché comme s'il allait mourir. J'ai imaginé l'avenir pour une seconde. C'était beau ! Des rues propres, des rivières limpides et de l'air pur. Il n'y avait pas de pollution. Si on travaille fort tous ensemble, on pourrait réaliser ce rêve : celui d'une planète en santé !

Un jour notre terre sera redevenue le paradis qu'elle était car l'humain l'aura quittée. Les fleurs, les arbres et les animaux pourront enfin vivre en paix et se refaire une santé. Finis la fumée suffocante des usines, les résidus radioactifs des manufactures et les montagnes d'ordures ménagères. Ce qu'ils seront heureux ces petits animaux libérés des laboratoires où on les torture pour sauver la vie de gens qui sont malades parce qu'ils mangent trop et mal. Mais, quel dommage, après plusieurs millénaires et après avoir saboté d'autres planètes, les humanoïdes reviendront embêter à nouveau les animaux pacifiques et saccager la nature accueillante.

Marc-Antoine D   11 ans   Québec

Marc-Antoine, 11, Québec

Un jour... notre terre sera redevenue le paradis qu'elle était car l'humain l'aura quittée. Les fleurs, les arbres et les animaux pourront enfin vivre en paix et se refaire une santé. Finis la fumée suffocante des usines, les résidus radioactifs des manufactures et les montagnes d'ordures ménagères. Ce qu'ils seront heureux ces petits animaux libérés des laboratoires où on les torture pour sauver la vie des gens qui sont malades parce qu'ils mangent trop et mal. Mais, quel dommage, après plusieurs millénaires et après avoir saboté d'autres planètes, les humanoïdes reviendront embêter à nouveaux les animaux pacifiques et saccager la nature accueillante.

*Un jour,
la terre sera ravagée par la pollution.
Les maladies décimeront de grandes
populations. La peur régnera sur ce monde
où autrefois, il n'y avait que le bonheur
de vivre qui importait. Par son ambition,
l'homme a mis en péril le faible
équilibre environnemental. Mais une
parcelle de lumière vient éclairer ce
morne univers : les hommes sont en
paix. À force de se serrer les coudes
pour survivre, un lien de complicité
s'est tissé, effaçant toute trace de
rivalité. Il aura fallu ce désastre
pour que l'homme réalise les conséquences de ses gestes. Et de la noirceur
surgira un monde meilleur.*

Maude, 12, Québec

Maude, 12, Québec

Un jour... la terre sera ravagée par la pollution. Les maladies
décimeront de grandes populations. La peur régnera sur ce monde où
autrefois, il n'y avait que le bonheur de vivre qui importait. Par son
ambition, l'homme a mis en péril le faible équilibre environnemental.
Mais une parcelle de lumière vient éclairer ce morne univers : les
hommes sont en paix. À force de se serrer les coudes pour survivre,
un lien de complicité s'est tissé, effaçant toute trace de rivalité. Il
aura fallu ce désastre pour que l'homme réalise les conséquences
de ses gestes. Et de la noirceur surgira un monde meilleur.

Un jour, je serai une grande astronaute. Je m'envolerai dans mon grand vaisseau. Il y aura des martiens qui m'attendront sur la planète Mars. Ils seront verts fluo avec des antennes en tourbillon. Et puis ils m'amèneront dans un pays où il y aura un arbre avec plein de fruits magnifiques. Les femmes auront de belles robes comme eurent déjà des princesses. Les hommes eux, auront de beaux habits de prince. Il y aura des maisons en forme de châteaux comme dans le moyen âge. Tous les habitants auront du travail. La nuit tout le monde se rassembleront. Ils feront un grand feu et chanteront autour de lui. Après tout ça, ça ne sera pas si mal dans le futur.

Caroline, 9 ans, Québec

Caroline, 9, Québec

Un jour... je serai une grande astronaute. Je m'envolerai dans mon grand vaisseau. Il y aura des martiens qui m'attendront sur la planète Mars. Ils seront vert fluo avec des antennes en tourbillon. Et puis, ils m'amèneront dans un pays où il y aura un arbre plein de fruits magnifiques. Les femmes auront de belles robes comme eurent déjà des princesses. Les hommes eux, auront des beaux habits de prince. Il y aura des maisons, en forme de châteaux comme dans le Moyen Âge. Tous les habitants auront du travail. La nuit tout le monde se rassembleront. Ils feront un grand feu et chanteront autour de lui. Après tout ça, ça ne sera pas si mal dans le futur.

Un jour notre monde sera dans la paix car tout le monde connaîtra Dieu. IL n'y aura plus de peine, plus de douleur, enfin on sera très bien. Les hommes ne feront plus la guerre. On vivra en harmonie. Les pauvres recevront des riches. Il n'y aura plus de pauvreté. La misère ne régnera plus. On marchera sans soucis et sans craintes dans les rues. Les bourgeons éclateront de joie et les rivières rassasieront de leurs eaux pures la soif de tous. On ne manquera jamais de pain. Les garçons et les filles seront toujours heureux. Ce sera le monde avec Dieu.

Elise B. 9ans Québec

Élise, 9, Québec

Un jour... notre monde sera dans la paix car tout le monde connaîtra Dieu. Il n'y aura plus de peine, plus de douleur, enfin on sera très bien. Les hommes ne feront plus la guerre. On vivra en harmonie. Les pauvres recevront des riches. Il n'y aura plus de pauvreté. La misère ne régnera plus. On marchera sans soucis et sans craintes dans les rues. Les bourgeons éclateront de joie et les rivières rassasieront de leurs eaux pures la soif de tous. On ne manquera jamais de pain. Les garçons et les filles seront toujours heureux. Ce sera le monde avec Dieu.

Un jour les autos vont voler. Elles fonctionneront à piles. Il n'y aura plus de feux de circulation. Nous pourrons jouer au soccer, au hockey, au basket-ball dans les rues. Il n'y aura plus de téléphone avec fils, il n'y aura que des cellulaires. Les pokémons existeront pour vrai. Chaque enfant en possédera un. Les blessures se répareront toutes seules, trois secondes après l'accident. L'école n'existera plus. Dès la naissance on connaîtra tout. Les toits des maisons pourront s'ouvrir et comme ça nous dormirons à la belle étoile. À la place du toit il y aura une vitre pour ne pas qu'il pleuve sur nos têtes.

Alexandre, 8 ans, Québec

Alexandre, 8, Québec

Un jour... les autos vont voler. Elles fonctionneront à piles. Il n'y aura plus de feux de circulation. Nous pourrons jouer au soccer, au hockey, au basketball dans les rues. Il n'y aura plus de téléphone avec fils, il n'y aura que des cellulaires. Les pokémons existeront pour vrai. Chaque enfant en possédera un. Les blessures se répareront toutes seules, trois secondes après l'accident. L'école n'existera plus. Dès la naissance on connaîtra tout. Les toits des maisons pourront s'ouvrir et comme ça nous dormirons à la belle étoile. À la place du toit il y aura une vitre pour ne pas qu'il pleuve sur nos têtes.

Un jour, je serai un océanographe. Je vais arrêter les ordures. Je vais découvrir l'océan et les habitats des animaux de l'océan. Je ferai certain qu'ils puissent vivre une bonne et longue vie. J'aimerais que les gens arrêtent avec les ordures. Je vais faire certain de les arrêter! Quand je serai grande, ceci sera mon plan... Shhh! Je vais former une équipe de gens. Nous allons sortir en chaloupes et nous ramasserons les ordures. Si ceci ne fonctionne pas, je vais demander à un dirigeant de la loi de poster une loi: "Pas d'ordures dans l'eau s.v.p.!" Oui, peut-être l'avenir un jour.

Mélanie, 7ans, Québec

Mélanie, 7, Québec

Un jour... je serai un océanographe. Je vais arrêter les ordures. Je vais découvrir l'océan et les habitats des animaux de l'océan. Je ferai certain qu'ils puissent vivre une bonne et longue vie. J'aimerais que les gens arrêtent avec les ordures. Je vais faire certain de les arrêter ! Quand je serai grande, ceci sera mon plan… Shhh ! Je vais former une équipe de gens. Nous allons sortir en chaloupes et nous ramasserons les ordures. Si ceci ne fonctionne pas, je vais demander à un dirigeant de la loi de poster une loi : pas d'ordures dans l'eau s.v.p. ! Oui, peut-être l'avenir un jour.

Un jour, il y aura des robots pour faire nos travaux domestiques. Les autos seront munis d'un ordinateur qui servira de pilote automatique, ce qui nous fera voyager sans toucher au volant. Quels beaux voyages en perspective! Aussi les voitures se transformeront soit en avion, en camion ou même en sousmarin et ce seulement qu'en appuyant sur un bouton spécialement conçu pour chacun des véhicules désirés. Dans ce monde futur, il y aura de la magie partout. Ce qui veut dire que tous les enfants qui ont de la difficulté à l'école prendront un peu de poudre magique et ils deviendront les meilleurs de l'école.

Antoine, 9ans, Québec

Antoine, 9, Québec

Un jour... il y aura des robots pour faire nos travaux domestiques. Les autos seront munies d'un ordinateur qui servira de pilote automatique ce qui nous fera voyager sans toucher au volant. Quels beaux voyages en perspective ! Aussi, les voitures se transformeront soit en avion, en camion ou même en sous-marin et ce seulement qu'en appuyant sur un bouton spécialement conçu pour chacun des véhicules désirés. Dans ce monde futur, il y aura de la magie partout. Ce qui veut dire que tous les enfants qui ont de la difficulté à l'école, prendront un peu de poudre magique et ils deviendront les meilleurs de l'école.

Pierre-Alexandre, 10, Québec

Un jour... j'aimerais que tous les enfants du monde soient heureux sur terre et qu'ils ne manquent de rien pour vivre convenablement. Un jour... j'aimerais que toutes les maladies incurables soient chose du passé, et que les médecins soient toujours disponibles pour les gens qui souffrent. Un jour prochain, j'aimerais que la vie soit sans fin, pour toujours être avec mes parents et connaître les petits de mes petits-enfants. Un jour... j'aimerais qu'il n'y ait plus de violence et de guerre dans le monde et que l'argent ne soit pas important. J'aimerais que petits et grands aiment la vie comme moi. C'est beau la vie !

Un Jour, des immenses cactus pousseront au pôle nord et les fleurs seront cultivées sur la lune. Moi, je monterai dans le ciel pour aller voir mes amis(es). Nous nous amuserons comme des petits fous d'une planète à l'autre. Les hiboux voleront jusqu'à la station service pour faire le plein d'énergie et aussitôt au terrain de jeux pour oiseaux aménagé pour eux. Sur la planète terre, il y aura plusieurs parcs Safari pour les animaux. Ils pourraient s'appeler l'Arche de Noé. Finalement, tous mes amis(es) essayeraient de ne pas se chicaner. Ce sera merveilleux.

Audrey 7ans Québec

Audrey, 7 Québec

Un jour... des immenses cactus pousseront au pôle nord et les fleurs seront cultivées sur la lune. Moi, je monterai dans le ciel pour aller voir mes amis(es). Nous nous amuserons comme des petits fous d'une planète à l'autre. Les hiboux voleront jusqu'à la station service pour faire le plein d'énergie et aussitôt au terrain de jeux pour oiseaux aménagé pour eux. Sur la planète Terre, il y aura plusieurs parcs Safari pour les animaux. Ils pourraient s'appeler l'Arche de Noé. Finalement, tous mes amis(es) essayeraient de ne pas se chicaner. Ce sera merveilleux.

Un jour, nous n'irons plus à l'école grâce à la modernisation. Nous pourrons alors apprendre tout ce que nous voyons dans une journée de classe en prenant une simple pilule. Nous serons alors en vacance perpétuelle. Les gens ne se déplaceront plus en auto mais par téléportation. Il y aura moins de pollution car l'auto n'existera plus. Les repas seront préparés par de curieux robots ayant la forme d'humains métalliques. Il y aura des aéroports de vaisseaux spaciaux permettant aux gens de se déplacer vers des planètes lointaines. Pour un garçon de dix ans, ce serait un monde idéal et amusant.

Philippe, 10 ans, Québec.

Philippe, 10, Québec

Un jour... nous n'irons plus à l'école grâce à la modernisation. Nous pourrons alors apprendre tout ce que nous voyons dans une journée de classe en prenant une simple pilule. Nous serons alors en vacances perpétuelles. Les gens ne se déplaceront plus en auto mais par téléportation. Il y aura moin de pollution car l'auto n'existera plus. Les repas seront préparés par de curieux robots ayant la forme d'humains métalliques. Il y aura des aéroports de vaisseaux spaciaux permettant au gens de se déplacer vers des planètes lointaines. Pour un garçon de dix ans ce serait un monde idéal et amusant.

Un jour, je vais jouer au baseball. Je vais faire des sports. Je vais avoir des enfants. Je vais écrire à mes amis. Je vais travailler dans un restaurant. Ça va sentir bon. Je vais accompagner mon frère à son travail. Je vais avoir un auto. Je vais avoir une belle maison. Je vais avoir une blonde et je vais jouer avec elle. Je vais jouer avec mes enfants. Je vais avoir des amis. Moi et ma blonde on va acheter des affaires ensemble. Il va y avoir des fêtes avec ma blonde et mes amis. Je vais aimer ma blonde beaucoup.

Alexandre, 7 ans, Québec

Alexandre, 7, Québec

Un jour... je vais jouer au baseball. Je vais faire des sports. Je vais avoir des enfants. Je vais écrire à mes amis. Je vais travailler dans un restaurant. Ça va sentir bon. Je vais accompagner mon frère à son travail. Je vais avoir un auto. Je vais avoir une belle maison. Je vais avoir une blonde et je vais jouer avec elle. Je vais jouer avec mes enfants. Je vais avoir des amis. Moi et ma blonde on va acheter des affaires ensemble. Il va y avoir des fêtes avec ma blonde et mes amis. Je vais aimer ma blonde beaucoup.

Un jour, dans un future lointain, il n'y aura plus d'argent en circulation. Nous utiliserons une carte magnétique qui marche aux crédits. Les gens mangeront des insectes vu leur quantité énorme, car il n'y aura plus assez de nourriture sur la terre pour nourrir tout le monde. Nous poussons voyager sur d'autres planètes grâce à une porte intergalactique placée sur notre planète et sur d'autres planètes. La terre sera protégée par un organisme spécial, l'organisme de la complémentarité de l'homme. tout les engins fonctionneront à l'électricité pour moins de pollution. Il n'y aura plus de calendriers, nous utiliserons un système spécial, jour 1, 2, 3...

Guillaume. 12 ans Québec.

Guillaume, 12, Québec

Un jour... dans un futur lointain, il n'y aura plus d'argent en circulation. Nous utiliserons une carte magnétique qui marche aux crédits. Les gens mangeront des insectes vu leur quantité énorme car il n'y aura plus assez de nourriture sur la terre pour nourrir tout le monde. Nous pourrons voyager sur d'autres planètes grâce à une porte intergalactique placée sur notre planète et sur d'autres planètes. La Terre sera protégée par un organisme spécial, l'organisme de la complémentarité de l'homme. Tous les engins fonctionneront à l'électricité pour moin de pollution. Il n'y aura plus de calendriers, nous utiliserons un système spécial, jour 1,2,3...

Un jour, la vie sera très amusante. L'école sera encore sur Terre, mais les cours d'astronomie seront sur la lune. Regarder les étoiles de plus près me fascine. Les cours de sciences naturelles seront sur Mars. Nous cultiverons les plantes qui donnent de très bons fruits. Vous savez ! Nous allons dans l'espace pour apprendre et pour tester la machine que les savants ont inventée pour aller dans l'espace en un temps record. Ensuite, les enfants reviendraient passer leur permis pour pouvoir utiliser leur trottinette-volante. Après, ils iraient jouer au basket-ball volant et au ballon-flottant pendant la récréation.

Virginia, 11 ans, Québec

Virginia, 11, Québec

Un jour... la vie sera très amusante. L'école sera encore sur la terre, mais les cours d'astronomie seront sur la lune. Regarder les étoiles de plus près me fascine. Les cours de sciences naturelles seront sur Mars. Nous cultiverons les plantes qui donnent de très bons fruits. Vous savez ! Nous allons dans l'espace pour apprendre et pour tester la machine que les savants ont inventée pour aller dans l'espace en un temps record. Ensuite, les enfants reviendraient passer leur permis pour pouvoir utiliser leur trottinette-volante. Après, ils iraient jouer au basket-ball volant et au ballon-flottant pendant la récréation.

Un jour, j'aimerais aller au zoo pour voir les animaux. Mais, mes parents disent que c'est trop cher. Aujourd'hui, à l'école, notre professeure nous a demandé quel métier on voulait faire plus tard. Mes amis(es) ont dit : policier, pompier, banquier, astronaute ect. Moi, j'ai dit que je veux être zoologiste. Mon professeure était si passionnée quelle m'a demandé pourquoi je voulais faire ce métier. C'est parce que mes parents disent que c'est trop cher et moi, je veux m'amuser avec les animaux. J'aimerais travailler avec les singes et les oiseaux multicolores. Moi, j'adore le zoo, et toi? Je vois l'avenir comme zoologiste.

Sarah, 9, Québec

Sarah, 9, Québec

Un jour... j'aimerai aller au zoo pour voir les animaux. Mais, mes parents disent que c'est trop cher. Aujourd'hui à l'école, notre professeure nous a demandé quel métier on voulait faire plus tard. Mes ami(es) ont dit : policier, banquier, pompier, astronaute, etc. Moi, j'ai dit que je veux être zoologiste. Mon professeur était si passionnée qu'elle m'a demandé pourquoi je voulais faire ce métier. C'est parce que mes parents disent que c'est trop cher et moi, je veux m'amuser avec les animaux. J'aimerais travailler avec les singes et les oiseaux multicolores. Moi, j'adore le zoo et toi ? Je vois l'avenir comme zoologiste.

Un jour j'aimerais que les scientifiques développent des médicaments contre les maladies grave; car il y en a beaucoup qui souffrent. Les enfants qui meurent jeunes n'ont pas la chance de vivre leurs vies. C'est dommage pour eux. Moi; j'adore la vie et j'aimerais bien qu'un jour tous les enfants du monde entier puissent vivre leurs vies en paix. C'est pourquoi j'aimerais qu'ils aient des remèdes spéciaux pour toutes les maladies. J'espères que mon souhait le plus cher se réalisera un jour ou l'autre pour tous les enfants du monde tout entier.

Nadine 10 ans Québec

Nadine, 10, Québec

Un jour... j'aimerais que les scientifiques développent des médicaments contre les maladies graves, car il y en a beaucoup qui souffrent. Les enfants qui meurent jeunes n'ont pas la chance de vivre leur vie. C'est dommage pour eux. Moi, j'adore la vie et j'aimerais bien qu'un jour tous les enfants du monde entier puissent vivre leur vie en paix. C'est pourquoi j'aimerais qu'ils aient des remèdes spéciaux pour toutes les maladies. J'espère que mon souhait le plus cher se réalisera un jour ou l'autre pour tous les enfants du monde tout entier.

Un jour, j'aimerais devenir policier. Peut-être pas pour faire des arrestation mais plutôt pour des interventions comme pour aller chercher une personne perdue dans une forêt ou une montagne. Je n'irai sûrement pas seul mais plutôt avec un chien pour mieux trouver la personne qui est perdue. J'aimerais devenir policier surtout parce que j'ai toujours vécu avec les chiens. Presque toutes les personnes de mon entourage en ont. J'ai toujours été quelqu'un qui attrapait froid très vite à la montagne mais plus maintenant. J'y suis très bien. J'imagine que ça prend beaucoup d'études pour devenir policier mais j'espere être capable de le devenir.

écrit par Isabelle pour...

Henri, 10 ans, Québec

Henri, 10, Québec

Un jour... j'aimerai devenir policier. Peut-être pas pour faire des arrestations mais plutôt pour des interventions comme pour aller chercher une personne perdue dans une forêt ou une montagne. Je n'irai sûrement pas seul mais, plutôt avec un chien pour mieux trouver la personne qui est perdue. J'aimerais devenir policier surtout parce que j'ai toujours vécu avec les chiens. Presque toutes les personnes de mon entourage en ont. J'ai toujours été quelqu'un qui attrapait froid très vite à la montagne mais plus maintenant. J'y suis très bien. J'imagine que ça prend beaucoup d'études pour devenir policier mais j'espère être capable de le devenir.

Un jour...
Je pense que le monde sera entièrement robotisé. Tout ce que l'on va faire va être fait soit par un robot ou une machine. Les autos voleront dans des gros tuyaux. Toutes les personnes seront des robots. Les gens pourront se téléporter pour aller à leur travail. Les autos fonctionneront toutes à l'énergie solaire. Les maisons seront comme des grosses boîtes de conserves. On n'aurait pas besoin d'aller à l'école car lorsqu'on dormira, on mettra des écouteurs qui nous enregistreront dans la tête tout ce qu'on aurait dû apprendre dans la journée.

Guillaume 6 /2 Qc.

Guillaume, 12, Québec

Un jour... je pense que le monde sera entièrement robotisé. Tout ce que l'on va faire va être fait soit par un robot ou une machine. Les autos voleront dans des gros tuyaux. Toutes les personnes seront des robots. Les gens pourront se téléporter pour aller à leur travail. Les autos fonctionneront toutes à l'énergie solaire. Les maisons seront comme des grosses boîtes de conserves. On n'aurait pas besoin d'aller à l'école car lorsqu'on dormira on mettra des écouteurs qui nous enregistreront dans la tête tout ce qu'on avait dû apprendre dans la journée.

Un jour... les gens seront gentils. Je crois que les maladies seront toutes guéries. Les animaux seront libérés des zoos. Qu'il n'y aura aucun voleur et qu'on n'aura plus besoin de polices. Et après cela, il n'y aura plus le feu. Les dinosaures vont exister et les plantes vont bien pousser.

Oliviers 5 Québec

Olivier, 5, Québec

Un jour... les gens seront gentils. Je crois que les maladies seront toutes guéries. Les animaux seront libérés des zoos. Qu'il n'y aura aucun voleur et qu'on n'aura plus besoin de polices. Et après cela, il n'y aura plus de feu. Les dinosaures vont exister et les plantes vont bien pousser.

Un jour, l'univers sera parfait. C'est ce que plusieurs personnes croient. Je trouve qu'il est difficile de décrire l'avenir. Cependant, nous pouvons tous avoir des rêves et des visions de notre futur. Moi, par exemple, j'aimerais bien que notre monde ne soit plus pollué, que chacun prenne encore plus conscience non seulement de la récupération et du recyclage, mais également des paroles et des gestes que nous commettons et qui peuvent polluer notre entourage. Alors tendons-nous la main afin de distribuer de petits gestes d'entraide. Et qui sait, nos rêves deviendront peut-être réalité? Ayons à cœur notre avenir!

Mélanie, 13, Québec

Mélanie, 13, Québec

Un jour... l'univers sera parfait. C'est ce que plusieurs personnes croient. Je trouve qu'il est difficile de décrire l'avenir. Cependant, nous pouvons tous avoir des rêves et des visions de notre futur. Moi, par exemple, j'aimerais bien que notre monde ne soit plus pollué, que chacun prenne encore plus conscience non seulement de la récupération et du recyclage, mais également des paroles et des gestes que nous commettons et qui peuvent polluer notre entourage. Alors tendons-nous la main afin de distribuer de petits gestes d'entraide. Et qui sait, nos rêves deviendront peut-être réalité! Ayons à cœur notre avenir!

Un jour, nous nous promènerons en vaisseau inter-
planétaire pour pouvoir se déplacer d'une planète à l'autre !
Pour les voyages spatiaux, nous nous transporterons à l'aide d'un
fuséopart. De nos hublots nous pourrons voir les météorites en
pleine action ! Nous habiterons des maisons en forme de vaisseau
spatiale montés sur des pilotis de fer, sur lesquels nous pourrons
facilement voir les étoiles filantes ! Dans nos écoles, nous
apprendrons tout sur les astres et nous ferons des expéditions dans
l'espace. Et des recherchistes partirons sur de nouvelle planètes
pour y faire des découvertes pour faliciter nos vies.

Sonia   11 ans   Québec

Sonia, 11, Québec

Un jour... nous nous promènerons en vaisseau inter-planétaire,
pour pouvoir se déplacer d'une planète à l'autre ! Pour les voyages
spatiaux, nous nous transporterons à l'aide d'un nouveau véhicule,
le fuséopart. De nos hublots nous pourrons voir les météorites en
pleine action ! Nous habiterons des maisons en forme de vaisseau
spatial montés sur des pilotis, sur lesquels nous pourrons facilement
voir les étoiles filantes ! Dans nos écoles, nous apprendrons tout sur
les astres et nous ferons des courtes expéditions dans l'espace. Et
des recherchistes partiront sur de nouvelles planètes pour y faire des
découvertes pour faciliter nos vies.

Un jour nous vivrons dans un monde où la technologie sera tellement avancée que nous n'aurons plus à nous préoccuper des petites tâches quotidiennes. Plus besoin de faire mon lit, de ranger ma chambre! Tout le monde aura son propre robot et ce sera eux qui s'occuperont du ménage, des repas, de l'épicerie, etc. Les savants enverront un nouveau satellite nommé Robotica qui servira à la communication des robots entre eux. Dans ce temps, il y aura des téléporteurs qui remplaceront les véhicules qu'on connaît. Les jeux vidéos seront très avancés. La vie sera très belle !

Étienne, 10 ans, Québec

Étienne, 11, Québec

Un jour... nous vivrons dans un monde où la technologie sera tellement avancée que nous n'aurons plus à nous préoccuper des petites tâches quotidiennes. Plus besoin de faire mon lit, de ranger ma chambre ! Tout le monde aura son propre robot et ce sera eux qui s'occuperont du ménage, des repas, de l'épicerie, etc. Les savants enverront un nouveau satellite nommé Robotica qui servira à la communication des robots entre eux. Dans ce temps, il remplaceront les véhicules qu'on connaît. Les jeux vidéo seront très avancés. La vie sera très belle.

Un jour ...Je serai le meilleur du monde en BMX. Je serai un millionnaire et j'aurai une BMW décapotable. Ma maison sera dans les airs en haut d'un zoo. Je pourrai rentrer gratuitement partout. Les affaires que je voudrai seront gratuites. Mes enfants auront tout ce qu'ils voudront. Je serai le meilleur papa du monde. J'irai partout avec mes enfants et je ferai toute pour qu'ils m'aiment aussi. Tout ce que je voudrai faire ils le feront. Moi je pourrai faire et mes enfants pourront faire la même affaire que moi et j'aurai un bain tourbillon. Ca serait moi plus tard quand je serai grand.

Sébastien, 8 ans, Québec

Sébastien, 8, Québec

Un jour... je serai le meilleur du monde en BMX. Je serai un millionnaire et j'aurai une BMW décapotable. Ma maison sera dans les airs en haut d'un zoo. Je pourrai rentrer gratuitement partout. Les affaires que je voudrai seront gratuites. Mes enfants auront tout ce qu'il voudraient. Je serai le meilleur papa du monde. J'irai partout avec mes enfants et je ferai toute pour qu'ils m'aiment aussi. Tout ce que je voudrai faire, ils le feraient. Moi je pourrais faire et mes enfants pourront faire la même affaire que moi et j'aurai un bain tourbillon. Ça serait moi plus tard quand je serai grand.

Un jour, je rêve d'être scientifique. Je veux faire ce métier car j'adore les sciences. J'aimerais partir à la recherche de fossiles ou me retrouver au fond de l'océan pour des recherches aquatiques. J'adore aussi tout ce qui a trait aux planètes. Je rêve de mettre un jour le pied sur la lune. Plus tard, j'aurai une belle grande maison, un mari et beaucoup d'enfants. Il y aura une très grande piscine pour toute la famille. Aussi, il y aura un grand terrain de jeux pour faire jouer tous mes enfants. J'aimerais aussi avoir un joli petit chaton beige et blanc.

Élodie, 9 ans, Québec

Élodie, 8, Québec

Un jour... je rêve d'être une scientifique. Je veux faire ce métier car j'adore les sciences. J'aimerais partir à la recherche de fossiles ou me retrouver au fond de l'océan pour des recherches aquatiques. J'adore aussi tout ce qui a trait aux planètes. Je rêve de mettre un jour le pied sur la lune. Plus tard, j'aurai une belle grande maison, un mari et beaucoup d'enfants. Il y aura une très grande piscine pour toute la famille. Aussi, il y aura un grand terrain de jeux pour faire jouer tous mes enfants. J'aimerais aussi avoir un joli petit chaton beige et blanc.

Un jour, nous nous promènerons en voiture volante. Les gens marcheront sur des trottoirs volants. Partout dans la société il y aura des robots professeurs, gardiens, serveurs et livreurs. Dans les hôpitaux, les services seront plus rapide et les médicaments plus efficaces. Il n'y aura plus d'avions les voyages se feront en navette spatiale. Nous aurons plus bessoin de police car tout les gens seront civilisés et honnêtes. Donc il n'y aura plus familles pauvres et de personnes rejetées, tous le monde sera égal. La guerre le racisme et la pauvreté seront des mots qui n'exisisteront plus jamais dans le dictionnaire.

écrit par Isabelle pour...

Élise, 11ans, Québec

Élise, 11, Québec

Un jour... nous nous promènerons en voiture volante. Les gens marcheront sur des trottoirs volants. Partout dans la société il y aura des robots professeurs, gardiens, serveurs et livreurs. Dans les hôpitaux les services seront plus rapides et les médicaments plus efficaces. Il n'y aura plus d'avions les voyages se feront en navette spatiale. Nous aurons plus besoin de police car tout les gens seront civilisés et honnêtes. Donc il n'y aura plus de familles pauvres et de personnes rejetées, tout le monde sera égal. La guerre, le racisme et la pauvreté seront des mots qui n'existeront plus jamais dans le dictionnaire.

Un jour, sur la planète terre, Youki revenait du super marché. Il atterit devant sa maison et pris son téléphone pour appeler sa commande. Elle arriva sur son balcon. Il entra dans sa maison et prit un sandwich à la noix de coco avec un gros verre de jus de menthe. Sa femme arriva.

—Comment ça a été aujourd'hui? demanda-t-elle

—Oh, très bien. Nous avons programé l'ordinateur sur l'auto volante de monsieur Hilter. Et toi?

—Je suis allé en chine pour vendre mes lions et mes requins.

—Alors vient donc t'assoir pour te reposer et lire le journal des galaxies.

Marion, 10 ans, Québec

Marion, 10, Québec

Un jour... sur la planète terre, Youki revenait du super marché. Il atterrit devant sa maison et prit son téléphone pour appeler sa commande. Elle arriva sur son balcon. Il entra dans sa maison et se prit un sandwich à la noix de coco avec un gros verre de jus de menthe. Sa femme arriva. « Comment ça a été aujourd'hui ? » demanda-t-elle. « Oh, très bien. Nous avons programmé l'ordinateur sur l'auto volante de monsieur Hilter. Et toi ? » « Je suis allé en Chine pour vendre mes lions et mes requins. » « Alors vient donc t'assoir pour te reposer et lire le journal des galaxies. »

Un jour je pense que les voitures
voleront. Des gens ont déjà inventé
un moteur qui fonctionne à l'électricité
donc pourquoi pas une voiture qui vole?
Pour ce qui est des professeurs, on les
remplacerait par des téléviseurs qui
nous enseigneraient les matières à
apprendre. Aussi, ils inventeraient de nouveaux
cerveaux qu'on pourrait recharger ou
changer à chaque mois à l'aide de
nouvelles piles. Mais seuls les chirurgiens
pourraient nous implanter ce cerveau
et nous le recharger. Voici ma vision
de l'avenir. J'espère qu'elle se
réalisera et fonctionnera à merveille.
Alors, je vous dis aurevoir

Janie 11 Québec

Janie, 11, Québec

Un jour... je pense que les voitures voleront. Des gens ont déjà inventé
un moteur qui fonctionne à l'électricité, donc pourquoi pas une voiture
qui vole ? Pour ce qui est des professeurs, on les remplacerait par des
télévisions qui nous enseigneraient les matières à apprendre. Aussi,
ils inventeraient de nouveaux cerveaux qu'on pourrait recharger
ou changer à chaque mois à l'aide de nouvelles piles. Mais seuls
les chirurgiens pourraient nous implanter ce cerveau et
nous le recharger. Voici ma vision de l'avenir.
J'espère qu'elle se réalisera et fonctionnera
à merveille. Alors, je vous dis aurevoir.

Un jour, le monde sera rempli de joie. Il n'y aura plus de guerre et les gens seront contents. Les gens riches donneront des sous à tous les gens qui sont pauvres. Le Soleil nous fera rire avec ses rayons qui ne seront plus dangereux. Les enfants ne feront plus la guerre. Leurs droits seront respectés. On arrêtera de chasser les pandas et il y en aura beaucoup. Moi, je serai une maman de trois enfants. J'aurai des chiens, des lapins, des poissons et des hamsters. Je serai écrivaine et chanteuse et je vivrai dans une grande maison bleue avec mon amoureux.

Roxanne 8ans Québec

Roxane, 8, Québec

Un jour... le monde sera rempli de joie. Il n'y aura plus de guerre et les gens seront contents. Les gens riches donneront des sous à tous les gens qui sont pauvres. Le soleil nous fera rire avec ses rayons qui ne seront plus dangereux. Les enfants ne feront plus la guerre. Leurs droits seront respectés. On arrêtera de chasser les pandas et il y en aura beaucoup. Moi, je serai une maman de trois enfants. J'aurai des chiens, des lapins, des poissons et des hamsters. Je serai écrivaine et chanteuse et je vivrai dans une grande maison bleue avec mon amoureux.

Un jour, on aura des livres electroniques. Quand on veut ouvrir le livre, on aura juste à peser sur le bouton qui se
retrouveras sur le dessus du livre. Même
les autos seront electroniques car ils auront
tous des ordinateurs et des télévisions à
l'intérieur. Les télévisions seront en arrière
pour les enfants. Les télécommandes seront
à côté des fenêtres. Les ordinateurs seront
pour les adultes car ils ne seront jamais
obligés à conduire car c'est l'auto qui
conduira. Mais, il faut que quelqu'un lui dise
où aller. Le véhicule reconnaît seulement la
voix de la personne à qui il appartient.

Rosina, 10 ans Beauport, Pq.

Rosina, 9, Québec

Un jour... on aura des livres électroniques. Quand on veut ouvrir le
livre on aura juste à peser sur le bouton qui se retrouvera sur le dessus
du livre. Même les autos seront électroniques car ils auront tous des
ordinateurs et des télévisions à l'intérieur. Les télévisions seront en
arrière pour les enfants. Les télécommandes seront à côté des fenêtres.
Les ordinateurs seront pour les adultes car ils ne seront jamais obligés
à conduire car c'est l'auto qui conduira. Mais, il faut que quelqu'un lui
dise où aller. Le véhicule reconnaît seulement la voix de la personne à
qui il appartient.

Un jour, les guerres cesseront ; la paix régnera alors universellement. Aussi, je souhaite qu'un gouvernement juste répartisse les richesses équitablement ; il n'y aura plus de famine ni de misère. Pour avoir une société meilleure, il faut que chaque individu réajuste ses valeurs et vise l'essentiel : une famille unie et équilibrée. De la sorte, il y aura moins de délinquance et de suicide. Les viellards seront heureux, car leur progéniture les aimera et veillera sur eux. Aussi, les compagnies ne pensant pas qu'à leur profit cesseront de polluer la planète. Ainsi les gens seront moins malades. La vie sera plus agréable pour tous.

Providence 13 Ans Québec

Providence, 13, Québec

Un jour... les guerres cesseront ; la paix régnera alors universellement. Aussi, je souhaite qu'un gouvernement juste répartisse les richesses équitablement ; il n'y aura plus de famine ni de misère. Pour avoir une société meilleure, il faut que chaque individu réajuste ses valeurs et vise l'essentiel : une famille unie et équilibrée. De la sorte, il y aura moins de délinquance et de suicide. Les viellards seront heureux, car leur progéniture les aimera et veillera sur eux. Aussi, les compagnies ne pensant pas qu'à leur profit cesseront de polluer la planète. Ainsi les gens seront moins malades. La vie sera plus agréable pour tous.

UN JOUR. ... UN HOMME VA VENIR SUR LA
PLANÈTE TERRE. LUI, IL SERA TELLEMENT
AVANCÉ QU'IL POURRA GUÉRIR LES
MALADIES, LA PAUVRETÉ, LA FAIM, SAUVER
LE MONDE, ARRÊTER LA POLLUTION ET
DONNER DE LA NOURRITURE À TOUS. LA RACE
HUMAINE N'AURA JAMAIS VU UN HOMME
SI AVANCÉ. LES PAYS EN GUERRE AURONT
LA PAIX. IL APPORTERA LA PAIX AU MONDE.
IL VA DONNER L'ÉDUCATION À TOUS LES
ENFANTS. IL VA AIDER LA PLANÈTE À
DEVENIR UN PAYS. J'ESPÈRE UN JOUR LES
FRONTIÈRES DES PAYS DISPARAÎTRONT
COMME LE MUR DE BERLIN.

Sana, 10 ans, QUÉBEC

Sana, 10, Québec

Un jour... un homme va venir sur la planète terre. Lui, il sera tellement
avancé qu'il pourra guérir les maladies, la pauvreté et la faim, sauver
le monde, arrêter la pollution, donner de la nourriture à tous. La race
humaine n'aura jamais vu un homme si avancé. Les places en guerre
auront la paix. Il apportera la paix au monde. Il va donner l'éducation
à tous les enfants. Il va aider la planète à devenir un pays. J'espère
un jour les frontières des pays disparaîtront comme le mur de Berlin.

Un jour, je voudrais être bénéficiaire dans un centre d'accueil. Ma mère est une travailleuse auprès des personnes agées. Elle m'a beaucoup imprésionné et aussi elle m'a déja amenée au centre d'acc ueil où elle travaille. Pour devenir bénéfici- aire, je devrais aller au collège. Je devrai Travailler fort. J'espère que mon vase réaliser.

Rita, 11ans Québec.

Rita, 11, Québec

Un jour... je voudrais être bénéficiaire dans un centre d'acceuil. Ma mère est une travailleuse auprès des personnes âgées. Elle m'a beaucoup impressionnée et aussi elle m'a déjà amenée au centre d'accueil où elle travaille. Pour devenir bénéficiaire, je devrai travailler fort. J'espère que mon voeu va se réaliser.

Un jour...
Je me réveillai d'un long sommeil.
Quand je m'aperçus qu'il y avait à la
place des rues, des cours d'eau et
à la place des voitures c'étaient
des barques qui se dirigeaient dans
toutes les directions. Je sortis à
l'extérieur, quand je sentis une bonne
odeur. Ce n'était pas une odeur de
pollution mais l'odeur de fleurs parfumées.
Ça sentait bon. Il n'y avait plus de
grosses usines, mais des champs de blé.
Le ciel était bleu et des oiseaux y
volaient en gazouillant. Moi, je vois
l'avenir sans pollution.

Marie-Philip Wans Québec

Marie-Philip, 12 ans, Québec

Un jour... je me réveillai d'un long sommeil. Quand je m'aperçus qu'il y avait à la place des rues, des cours d'eau et à la place des voitures, c'étaient des barques qui se dirigeaient dans toutes les directions. Je sortis à l'extérieur, quand je sentis une bonne odeur. Ce n'était pas une odeur de pollution mais l'odeur de fleurs parfumées. Ça sentait bon. Il n'y avait plus de grosses usines, mais des champs de blé. Le ciel était bleu et des oiseaux y volaient en gazouillant. Moi, je vois l'avenir sans pollution.

fin

ONTARIO

All Saints Elementary School, Weston
Belleville District Christian School, Belleville
Birch Cliff Public School, Scarborough
Blessed Sacrament Elementary School, London
Brownridge Public School, Thornhill
Burnhamthorpe Elementary School, Mississauga
Cadarackque Elementary School, Ajax
Cambridge Christian School, Cambridge
Camilla Road Senior Public School, Mississauga
Churchill Public School, Sudbury
Couchiching Heights Public School, Orillia
Crestwicke Christian Academy, Guelph
Discovery Public School, Maple
Dr. Emily Stowe Public School, Courtice
Queenswood Public School, Orleans
E.T. Carmichael Public School, North Bay
Faithway Baptist Church School, Ajax
Foxboro Public School, Foxboro
Homedale Public School, St. Thomas
Indian Creek Road Elementary School, Chatham
J.M. Denyes Public School, Milton
Jeanne Sauve Elementary School, London
Jesse Ketchum Junior and Senior Public School, Toronto

John N. Given Elementary School, Chatham
John Young Elementary School, Kanata
Keswick Public School, Keswick
King George VI Elementary School, Sarnia
Mary Shadd Public School, Scarborough
Maurice Cody Junior Public School, Toronto
Mildmay-Carrick Public School, Mildmay
Milverton Public School, Milverton
Our Lady of Providence Elementary School, Brampton
Port Royal Public School, Scarborough
Queen Mary Elementary School, Hamilton
Rhema Christian School, Brampton
Sacred Heart School, Sioux Lookout
Sir John A. MacDonald Elementary School, Thunder Bay
St. Alexander Elementary School, Windsor
St. Clement Elementary School, Vaughn
St. James Elementary School, Oakville
Stephen Leacock Public School, Kanata
Tarnetorus Elementary School, Sault-Ste.-Marie
United Synagogue Day School, Willowdale
West Bayfield Elementary School, Barrie

PRINCE EDWARD ISLAND/ ÎLE DU PRINCE-ÉDOUARD

Miscouche Consolidated School, Miscouche

NEWFOUNDLAND/TERRE-NEUVE

Holy Family School, Paradise
St. Peter's Elementary School, Mount Pearl

FÉLICITATIONS AUX ÉCOLES DE NOS AUTEURS GAGNANTS !

CONGRATULATIONS TO THE SCHOOLS
OF OUR WINNING AUTHORS!

BRITISH COLUMBIA/
COLOMBIE-BRITANNIQUE

Brentwood Park Elementary School, Burnaby
Dunsmuir Junior Secondary School, Victoria
E.S. Richards School, Mission
Kidston Elementary School, Coldstream
Langley Meadows Community School, Langley
McCloskey Elementary School, Delta
Our Lady of Mercy School, Burnaby
Pinewood Elementary School, Delta
R.C. Palmer Secondary School, Richmond
Sir William Osler Elementary School, Vancouver
Surrey Christian School, Surrey
Traditional Learning Academy, Vancouver

SASKATCHEWAN

Campbell Collegiate Institute, Regina
Douglas Park Elementary School, Regina
Holy Cross School, Prince Albert
White City School, White City

MANITOBA

Whitemouth School, Whitemouth

NOVA SCOTIA/NOUVELLE-ÉCOSSE

Astral Drive Junior High School, Dartmouth
Atlantic Memorial Consolidated School, Whites Lake
Bible Hill Junior High, Truro
Cornwallis School, Sydney
Dutch Settlement Elementary School, Dutch Settlement
Evangeline Middle School, New Minas
Thorburn Consolidated School, Thorburn
Valley Elementary School, Truro
West Richmond Education Centre, Evanston

ALBERTA

Elmer S. Gish School, St. Albert
John D. Bracco Junior High School, Edmonton
Mother Teresa Catholic School, Sylvan Lake
S. Bruce Smith Junior High School, Edmonton
St. Anne School, Fort McMurray
St. James School, Edmonton
Strathcona Tweedsmuir School, Okotoks
Tempo School, Edmonton
Westwind Alternate School (Magrath), Magrath
Woodbridge Farms School, Sherwood Park

QUÉBEC

Annonciation, Rimouski
Children's World Academy, Lasalle
Collège St-Joseph, Hull
École Jean-du-Nord, Sept-Îles
École L'Oasis, Charlesbourg
École La Fourmiliere, Charlesbourg
École La Majuscule, Le Gardeur
École Maisonneuve, Sept-Îles
École Rinfret, Ste-Ursule
École St-Fabien, Montréal
École St-Joseph, Granby
Institut Secondaire Keranna, Trois-Rivières
St-François d'Assise, Trois-Rivières

Somday The perinc will let the kids do what every they wonto conect on it wuld be fun

The End